二十几岁拼职场，你必须懂点心理学

向宇◎著

文化发展出版社
Cultural Development Press
·北京·

图书在版编目（CIP）数据

二十几岁拼职场，你必须懂点心理学 / 向宇著 . 北京 ：文化发展出版社，2025. 1. — ISBN 978-7-5142-4577-6

Ⅰ . C913.2-49

中国国家版本馆 CIP 数据核字第 2024MW4076 号

二十几岁拼职场，你必须懂点心理学

著　　者：向　宇

责任编辑：孙豆豆　　　　责任印制：杨　骏
特约编辑：滕龙江　　　　责任校对：岳智勇
封面设计：周　飞
出版发行：文化发展出版社（北京市翠微路 2 号　邮编：100036）
网　　址：www.wenhuafazhan.com
经　　销：全国新华书店
印　　刷：永清县晔盛亚胶印有限公司

开　　本：880 mm×1230mm　1/32
字　　数：155 千字
印　　张：7
版　　次：2025 年 1 月第 1 版
印　　次：2025 年 1 月第 1 次印刷

定　　价：45.00 元
I S B N ：978-7-5142-4577-6

◆　如有印装质量问题，请电话联系：13683640646

前　言

职场如战场，要想笑傲职场，知识的积累、技能的提高都必不可少，此外，融洽的人际关系也非常重要。美国成功学大师卡耐基经过长期研究得出这样的结论："决定一个人事业的成功，专业知识的作用只占15%，而其余的85%则取决于人际关系。"很多职业规划专家也认为，10%的成绩，30%的自我定位以及60%的关系网络，才是成就理想的标准因素组合。

职场是一个特殊的地方，因为它处处涉及利益。这里的人际关系与学校里的同学关系、师生关系相比复杂得多。所以，如何处理好与他人的关系，成了职场新人最迫切需要解决的事情。

《孙子兵法》有云："知己知彼，百战不殆。"要处理好人际关系，就必须懂得复杂而微妙的心理，否则稍有不慎，就会使自己陷于被动。在职场中，我们经常可以见到许多出身名校、拥有高学历的人，在能力上，他们拥有更大的优势，但在工作中，却始终无法获得领导青睐，更无法拥有好人缘。其实，最大的问题就在于——他们忽略了他人的想法。所以说，要想玩转职场，光有知识和能力是远远不够的，你必须懂得职场心理学，并能娴熟地在实践中运用它。

有些人对职场复杂的人际关系望而生畏，也有些人因人际交往的烦恼不堪重负，这都是由于不懂心理学造成的。心理学是一门研究人类心理现象及其影响下的精神功能和行为活动的科学。事实证明，懂得一些心理学的人更容易和别人交流，从而获得成功。

对年轻人来说，职场最大的挑战并非是把工作上的事务做好，而是如何深层次地吃透别人的心理和认识自己的心理。只有这样，你才能告别原地踏步，实现职场进阶。另外，在职场中，压力过大的人往往精神疲惫，挫败感随之滋生，从而失去工作的信心。掌握一定的职场心理学，还会让你疲惫的心情豁然开朗。

本书将各种经典的心理效应、定律与职场中最常见的现象结合起来，分析多种职场现象产生的心理因素，总结出与之对应的解决问题的心理技巧。通过阅读本书，可以让你学会如何与上司、同事、下属及客户等人相处，也可以让你保持良好的心态，还可以让你及时修正自己的行为，从而在职场中游刃有余，步步高升。无论你是刚刚踏上职业之路的新人，还是小有成就的管理人士，都可以从本书中获知如何在职场中脱颖而出的奥秘。

目 录

第一章 初入职场：你应该知道的心理学法则

第二章 职场心态：不要让负面心态毁了你

第三章　对待工作：成就人生事业的心理学法则

第四章　对待客户：销售中的心理学效应

第五章　对待同事：左右逢源的社交心理学

第六章 对待上司：搞定上司的心理策略

第七章 对待下属：管理中的心理学方法

第一章

初入职场：你应该知道的心理学法则

首因效应：
美好的第一印象永远不会有第二次

首因效应，又被称为先入为主效应、第一印象作用。在与人交往的过程中，第一印象的作用是很关键的，也是持续时间最长的。心理学家通过研究发现，人的第一印象形成是非常短暂的，往往只有几秒或几十秒的时间，可就在这一打眼的工夫，别人就已经对你“盖棺定论”了。尤其是在求职面试的过程中，第一印象会在面试官的头脑中占据主导地位。

所谓第一印象，就是一眼看去是“感觉良好”还是“感觉不好”。这种感觉的好坏程度在面试的整个过程中意义重大。即使你是毕业于某名牌大学，如果给面试官留下的第一印象不好的话，也会让人觉得：名牌大学毕业固然很好，但与我们公司要选用的人才的标准好像不太吻合。仅此一点，你的成功希望就会大打折扣。

张亮毕业于北京某名牌大学，是一个胸怀抱负的年轻人。他崇拜比尔·盖茨和斯蒂文·乔布斯这两个电脑奇才，并效仿他们不拘一格的休闲穿衣风格，他相信一个人真正的资本不在于外表，而在于头脑。于是，他不修边幅，以轻松舒适为最高原则。

然而，他的一次次面试却以失败而告终。直到最后一次，他与一名同班同学被某公司同时面试，他才认识到自己的差距。他的同学全副“武装”：发型整洁、面容干净、西装革履，看起来已经俨然是成功者的姿态。其他的应聘者也都是正装，看起来不但精明强干，而且气势压人。他那不修边幅的休闲装，显得格格不入，巨大的压力和相形见绌的感觉使他放弃了面试的机会。张亮的自信和狂妄一时间全都消失了。他不得不面对一个现实：自己还不是比尔·盖茨。

在面试的过程中，有一些求职者本身很有实力，只是因为没能给考官留下良好的第一印象，最终与工作机遇擦肩而过。

第一印象真的很重要。其实，求职面试的过程，就是求职者在面试官心里建立第一印象的过程。和面试官初次接触中必须注意这一点，如果给面试官造成错觉的话，就很难修正了。即使能修正过来，也要花费很长的时间、很大的力气。而这时，我们可能已失去了工作机会。面试官往往是从“感性”的第一印象开始来判断一个人的。所以，我们应该用心打造好这种“印象”。

一个新闻系的毕业生正急于寻找工作。

一天，他到某报社总编：“你们需要一个编辑吗？”

“不需要！”

“那么记者呢？”

“不需要！”

“那么排字工人、校对员呢？”

“不，我们现在什么职位空缺也没有了。”

“那么，你们一定需要这个东西。”说着他从公文包中拿出一块精致的小牌子，上面写着“额满，暂不雇用”。

总编看了看牌子，微笑着点了点头，说：“如果你愿意，可以到我们广告部工作。”

这个大学生通过自己制作的牌子，表现了自己的机智和乐观，给总编留下了美好的“第一印象”，引起他极大的兴趣，从而为自己赢得了一份满意的工作。

良好的第一印象是求职的敲门砖。所以，求职者要尽量做到让面试官喜欢你，对你有一个良好的第一印象。

卡耐基说过：“良好的第一印象是登堂入室的门票。”第一印象的好坏直接影响着你在对方心目中受欢迎的程度。有心理学家在有关第一印象的研究报告中指出，人们在会面之初所获得的对对方的印象，往往与以后所得到的印象相一致。那么，在求职的过程中，怎样才能给面试官留下良好的第一印象呢？心理学家提出下面几条建议：

1. 注意仪表

仪表是一个人内部思想的体现，它反映了个体内在的修养。得体的仪表，是展现个人魅力的重要手段之一。如果你穿着得体，就会给考官留下一个好的印象。注意自己的穿着，不一定要穿上最流行、最时髦的衣服，但要穿着整洁大方，适合你的性格和体型。

2. 注意谈吐

一个人的谈吐可以充分体现其魅力、才气及修养。一个人有没有才气最容易从讲话中表现出来。在面试的过程中，要注意环境氛围，不要喧宾夺主，自说自话。要用风趣幽默的言谈给面试官以听觉的享受和心灵的美感。

3. 展现风度

风度是一个人的性格和气质的外在表现，是在长期的社会实践中所形成的良好的性格、气质的自然流露，属于一个人的外部形态。古人早就说过：“诚于中而形于外。”要有美的风度，关键在于培养自身的美的本质，形成美的心灵。

4. 注意行为举止

行为举止是一个人内在气质、修养的表现。传统观念认为，男子的举止要讲究潇洒、刚强；女子的举止要注意优美、含蓄。在一般情况下，大方、随和、乐观、热情的人总会受人欢迎；炫耀、粗鲁或过于拘束的人则让人生厌。

自己人效应：想办法让面试官成为“自己人”

自己人效应，也称同体效应，是指人们习惯对“自己人”所说的话更加信赖，更容易接受。也就是说，人们习惯上会对那些与自己某方面有着相似性的人，产生亲近感、信赖感。

自己人效应在人际交往中是普遍存在的，社会心理学家西奥多·纽科姆曾在一项实验中证实，态度和价值观越是相似的人，彼此间的吸引力也会越大。这说明，“自己人效应”中的“自己人”，首先表现在态度和价值观的相似性上。人与人若是有共同的态度与价值观，不但容易获得对方的支持与共鸣，同时也容易预测对方的感情与反应倾向，因此在交往的过程中，彼此更容易适应而建立起亲近关系。基于这样的心理认知，你要想让他人喜欢自己，首先要在某方面让他人感到你和他有着相同的东西，是“自己人”。

一般来说，在一个陌生的环境中，首先能获得你的好感的，必然是与你有共同点的人，比如，与你有共同爱好的人、与你有相同出生地的人、与你有相同的生活习惯的人、与你有相同经历的人，等等。因为我们经常会无意识地把这些人看成“自己人”，而提高对他们的信任度。在求职面试的过程中，我们也可以利用这一点，迅速地拉近与考官之间的心理距离，从而取得求职的成功。

赵雷大学毕业后，经历了人生中第一次面试。

那天，他拘谨地坐在面试官的对面，汗水正悄悄渗透了衬衣。赵雷认为自己前一天晚上做的准备工作已经非常充分了，但是面前的考官洒脱随性，根本没有看他的简历，只是随意地提问，这让赵雷感到很绝望，他围绕着简历准备的提问和回答完全派不上用场了。

赵雷已经感觉到对方对他失去了信心，但赵雷知道这份工作能给自己带来不俗的收入和业内最宽广的平台，他不想放弃。正当他心乱如麻的时候，他抬头看到面试官的办公桌上放着一本《红楼梦》，便问了一句：“您喜欢看《红楼梦》？”

面试官答道：“是啊，我很喜欢看。”

张雷有点儿兴奋，继续问道：“你喜欢书中的哪个人物？”

“史湘云。”面试官继续说道，“她敢爱敢恨、热情、开朗、有朝气、有才气，针织女工、诗词歌赋，样样精通。并且，人漂亮，‘醉卧花阴’千古有余香。”

“哈哈，我也是。”张雷兴奋地说。本来非常沉闷的气氛，变得轻松愉快起来。两个人围绕读书这一共同爱好竟然聊了一个多小时。

结果，过了一周，赵雷接到了该单位人事部的通知，正式踏入了自己梦想的公司。

在这个事例中，赵雷正是利用了“自己人效应”，让面试官对他产生了亲切感，最终获得面试成功。

如果想面试成功，你就要寻找与面试官的相似性，让他视你为自己人，那他就会对你产生好感。比如，你可以问问对方是哪里人，说不定你会碰见自己的老乡；你还可以讲一下自己过去的经历，说不定你的经历跟面试官是一样的。事实表明，如果你能利用这种方法与面试官“套近乎”，就可以很快地与其建立起良好的情感连接，非常有利于自己的面试。

赵龙大学毕业后，多次求职均被拒之门外，他心灰意冷，几乎想放弃了。后来，他在到一家公司应聘之前，了解到这个老板也有过一段落魄岁月，倒与自己有几分相似，于是他以此为入手点，准备了一番。应聘过程中，他逮住时机，向对方讲了自己坎坷的求职经历，以及自己的理想抱负，对方听了这些深有感触，一时间大发感慨，也表示了对他的同情与赏识，最终他被聘用了。

在面试过程中，营造“自己人”的感觉尤为重要，如果你能找到和面试官的相似点，对方就会视你为“自己人”，你也自然会得到对方的认同。所谓的相似点，可以是信念、价值观以及人格特征的相似；也可以是兴趣、爱好等方面的相似，还可以是年龄、经验及其他方面的相似。总之，你要开动脑筋，寻找一切可以交谈的共同点，强调双方一致的地方，使对方认为你是“自己人”，就可以助你在面试中脱颖而出。

路径依赖法则：你的选择决定了你未来的生活

我们先来看一个小故事：

有三个人都要被关进监狱三年，监狱长答应满足他们三个一人一个要求。

甲爱抽雪茄，要了三箱雪茄。

乙最浪漫，要一个美丽的女子相伴。

而丙说，他要一部与外界沟通的电话。

三年过后，第一个冲出来的是甲，他嘴里、鼻孔里塞满了雪茄，大喊道："给我火，给我火！"原来他忘了要火柴了。

接着出来的是乙。只见他手里抱着一个小孩子，美丽女子手里牵着一个小孩子，肚子里还怀着第三个。

最后出来的是丙，他紧紧握住监狱长的手说："这三年来我每天与外界联系，我的生意不但没有停顿，反而增长了200%，为了表示感谢，我送你一辆劳斯莱斯！"

这就是选择所产生的截然不同的结果。在心理学中，它被称为"路径依赖法则"，指的是一个人一旦选择了某一条人生道路，就会产生照这条路走下去的惯性，并且会不断地自我强化信念，再想改变开始做的选择就非常难了。也就是说，一旦人们做了某种选择，就好比走上了一条不归之路，惯性的力量会使这一选择不断强化，并让你无法轻易走出去。

在职场中也是这样，你有什么样的职业选择，你就会拥有什么样的职业生涯。你现在的状态是你几年前选择的结果。有很多人抱怨自己现在的工作如何如何不好，其实这都是你先前做出的选择。

于洋曾是一个有志青年，大学毕业后，他很快就找到一份工作——在深圳一家比较有实力的公司从事销售业务。他的老板非常看重他，有什么活动都带着他，并且许诺会给他一个好的前程。可是试用期结束一谈工资，老板给他的月薪却只有2800元，他十分不忿。于是，于洋选择辞职，又找到了另外一份工作机会。有一家广州的事业单位愿意接收他，并答应给他月薪3500元，他马上动了心，没有考虑到自己的兴趣、爱好和特长是多么适合做销售工作，就跑到了广州。但是在新的单位，他张扬的个性和单位的稳重氛围十分不合拍，而且口无遮拦的他很快卷入一场风波，他又辞职了。

后来，他又进入另外一家事业单位，从事类似的文员工作。其实，他并不喜欢。有好多人都曾经跟他讲过，如果他做销售，将会是个如何厉害的人物。但是他已经在事业单位工作了几年，磨灭了斗志，害怕风险，贪图稳定舒适，他现在已经不想再换工作了。

这个事例告诉我们，如果你选择了一个自己不感兴趣的工作，可能会毁掉你的一生。因为进了某一行，再想脱身就非常难了，什么事情都是有惯性的，一旦习惯了，你就很难再走出去做别的行业了，这就是路径依赖法则在职业选择中的负面影响。你有什么样的选择，也就有了什么样的人生。你有什么样的职业选择，你就会拥有什么样的职业生涯。你今天的现状是你几年前选择的结果，你今天的选择决定了你几年后的职业状况。成功者与失败者的区别在于，成功者选择了正道，而失败者选择了歧路，因此我们经常能够看到一些基础相差无几的人由于选择了不同的方向，职业生涯迥然不同。

如果你想避免路径依赖法则的负面效应，那么在最初择业时就要找准正确方向。每个人都有自己的基本思维模式，这种模式很大程度上会决定你以后的人生道路。做好了你的第一次选择，你就等于设定好了自己的人生。

那么，我们在择业时应该怎么进行选择呢？不妨从以下六个方面进行思考，多问自己几个问题。

1. 我是什么样的人

这是自我分析的过程，以便对自己有个全面的了解。分析的内容包括个人的教育背景、性格倾向、兴趣特征、身体状况、专长、思维能力和过往经历等。

2. 我想要什么

这是目标展望的过程，包括职业目标、收入目标、学习目标、名誉期望和成就感。特别要注意的是学习目标，只有不断更新学习目标，才能不被激烈的竞争淘汰，才能不断超越自我，登上更高的职业高峰。

3. 我能做什么

你的专业技能何在？最好能学以致用，发挥自己的专长，并在学习过程中不断积累自己专业的相关知识技能。同时，个人工作经历也是一个重要的经验积累过程。通过这些问题来判断你能够做什么。

4. 我的职业支撑点是什么

你具有哪些职业竞争能力？你具备怎样的资源和社会关系？这些问题都会影响你的职业选择。

5. 什么行业和职位是最适合自己的

行业和职位众多，每个人都会有自己的选择。你要记住这个原则：选择最好的未必是合适的，选择合适的才是最好的。

6. 最后我能够选择什么

通过前面对自己的一系列提问，你就能够做出一个简单的职业生涯规划了。

曾有一位哲人说过这样一句话："选择职业和工作是人生的中心问题。"不仅因为职业的选择会伴随着人的一生，更是由于从中既能够孕育出成功与发展的机会和通道，也会潜藏着失败与停滞甚至倒退的风险和歧路。的确，一个人如果没有明确的职业定位，就不会有明确的职业发展目标，一旦迷失了职业发展方向，就很容易使自己陷入职业发展困境。所以，你要清楚自己想要什么，要有明确的职业规划，从而一开始就做出正确的选择。

蘑菇定律：初涉职场，成蝶须先破茧

蘑菇长在阴暗的角落，得不到阳光，也没有肥料，只有长到足够高的时候才开始被人关注。人的成长也如同蘑菇一样。

初入职场的年轻人往往有这样的经历：他们常常会被置于边缘位置，不受重视或打杂跑腿，接受一些无端的批评、指责、代人受过，得不到必要的指导和提携，处于自生自灭过程中。蘑菇生长必须经历这样一个过程，人的成长也大多会经历这样一个过程。这就是"蘑菇定律"。这种"蘑菇"的经历对很多初入职场的年轻人来说是成长必经的一步。

很多年轻人走出校园时都抱着很高的期望，觉得自己十年寒窗苦读，学富五车，在新的单位应该得到重用，并且得到丰厚的报酬。而一旦得不到重用，工资达不到预期，他们就容易失去信心，丢掉工作的热情，进而消极地对待工作。其实这正是蘑菇定律在考验你的适应能力。只有安心地在“蘑菇期”中学习、成长，并致力于变成一只与众不同的“蘑菇”，你才可能引起他人的注意，并得到认同。

牛闯是某知名大学的学生。毕业后，他以优异成绩进入了一家事业单位。他一心只想鹏程万里，不料上班后才发现，每日无非是些琐碎事务。这些事情既不需要太多智力，也干不出什么成就，他的心便渐渐冷了下来。

一次单位要开会，部门的同事们都在彻夜准备文件，分配给牛闯的工作是装订和封套。处长再三叮嘱：“一定要做好准备工作，别到时弄得措手不及。”牛闯却不以为然：“初中生也会的事，还用得着这样告诉大学生吗？”同事们忙忙碌碌，他却只在旁边看报纸。文件终于交到他手里，他开始一件件装订。没想到只订了几份，订书机“喀”的一声，针用完了。

牛闯漫不经心地抽开订书针的纸盒，脑中“轰”的一声——里面是空的。翻箱倒柜之后，他才发现，平时满眼皆是的小东西，现在竟连一根都找不到。此时已是深夜11点半，文件必须在次日8点大会召开之前发到代表手中。处长大怒道：“告诉你的话，你就是不听。连这点小事也做不好，你这个大学生有什么用啊！”牛闯低下头无言以对。

他没有说话，径直走了出去。凌晨3点时，他找到一家通宵服务的商店，买到了订书针，最终赶在开会之前，将文件整齐漂亮地发到代表手中。事后，他来到处长办公室等候批评，没想到平时严厉得不近人情的处长，却只说了一句：

“记住，最小的事也同样是重要的事。”

牛闯后来对朋友说，那是他一生受用不尽的一句话，让他深刻地领悟到：怀着浮躁的心是做不成任何事的，最微小的过失都会造成全局的被动。

对于刚刚进入工作岗位的年轻人来说，无论具有什么样的学历，你都是个没有经验的新人，所以进入一家新公司必定要经历一段“蘑菇时期”，做些琐碎的工作，但不能因为事小就不认真对待，敷衍了事。如果连小事都做不好，谁敢把大事交给你呢？正所谓：“一屋不扫，何以扫天下？”因此，你要展现出新人的低姿态，将自己的重心放在努力学习、积累工作经验之上。千万不要好高骛远，眼高手低，轻视自己所做的工作，即便是最普通的工作，你也要认真地完成。要知道，每一项普通的工作都可能成为你的机会。

刚入职场的早期，有一段“蘑菇”经历并不是什么坏事。“蘑菇”经历会让人觉得痛苦、难熬，但是也可以让职场新人摆脱不切实际的幻想，加快适应社会的进程。所以在遇到“蘑菇定律”的时候，心态的调整显得尤为必要，职场新人要不断调整自己，保持静心、耐心、细心、专心，乐观自信地对待工作和生活。

有一个日本女大学生，利用假期到东京某酒店打工。她在这个五星级酒店里被分配到的工作是洗厕所。

当她第一天伸手给马桶刷洗时，差点儿当场呕吐。她勉强撑过几日后，实在难以为继，决定辞职。但就在此关键时刻，大学生发现，和她一起工作的一位老清洁工，居然在清洗工作完成后，从马桶里舀了一杯水拿在手里观察。大学生看得目瞪口呆，但老清洁工却自豪地表示，经他清理过的马桶，是干净得连里面的水都没有杂质的！

这个举动给女大学生很大的启发，她发现自己的工作态度有问题，于是她告诉自己：就算一生洗厕所，也要做个最出色的洗厕人。

此后，再洗厕所时，大学生不再引以为苦，而视为自我磨炼与提升的道场。每次清洗完马桶，她也总会自问：“我可以从这里面舀出一尘不染的水吗？”

假期结束，当经理验收考核成果时，女大学生在所有人面前，从她清洗过的马桶里舀出一杯毫无杂质的水！这个举动同样震惊了在场所有人。

毕业后，这位女大学生果然顺利进入该酒店工作，开始了她人生不断从成功走向辉煌的历程。

刚步入职场的年轻人，几乎都是从一份简单的工作开始自己的职业生涯的。不要看不起眼前的工作，认为眼前的工作只是自己职业生涯的一个“跳板”。要知道，能力、素质、经验是在一点一滴的工作中培养并积累起来的。如果一开始就不想从事简单的工作，那么就不可能有提升的机会。当你还是“蘑菇”的时候，强调自己是“灵芝”并不会改变你是“蘑菇”的事实。所以，我们与其去抱怨，还不如适应环境，尽快从“蘑菇堆”里脱颖而出，让自己的价值被真正认可。

积极心态法则：求职要有一个好心态

成功学大师拿破仑·希尔说：“一个人能否成功，关键在于他的心态。”成功人士与失败人士的差别在于，成功人士始终用最积极的思考、最乐观的精神和最丰富的经验支配和控制自己的人生；而失败人士则习惯于用消极的心态去面对人生。

积极的心态对人的一生有着重要的影响，因为这种心态总是与乐观、自信、成功联系在一起。一个心态积极乐观的人，善于看到事物中积极有利、乐观向上的一面，且能在心中常存光明远景，对未来有美好的期待，即使身处逆境，也能凭借积极的心态、坚定的信念和顽强的毅力战胜困难、走出逆境。

求职是一件非常需要时间与精力的事情，这对于很多人的心态都是一个考验。在求职的过程中，总会遇到许多意想不到的困难和压力，如果你因为几次求职被拒就变得很沮丧了，这种消沉对于你没有任何帮助。相反，如果你能始终保持积极的心态，不因为求职的失败而影响到自己，你才能够在以后的面试中发挥出最好的水平。

郑凯在求职之初，曾经历了多次失败。比如在面试过程中，他由于过度紧张，说出的话语无伦次，给考官留下了很糟糕的印象。郑凯回忆说：“第一次面试中，考官问我‘业余爱好是什么？’含糊其词的回答，让我丧失了那次就业机会；第二次面试时，我依然因为没有回答上考官的提问而被淘汰了。就这样，我失去了很多机会。”

后来，郑凯不断地反思面试失败的原因，他吸取了以前的教训，告诫自己在下一次面试前，除了准备好专业知识以外，还要做到口齿清晰、说话条理清楚，为了做到这一点，郑凯每天对着镜子练习说话。他的付出果然获得了回报。在接下来的面试中，郑凯以出色的自我介绍，赢得了考官的注意，随后他凭借清晰详尽的语言表达，塑造了良好的自我形象。无疑，这次面试是成功的，郑凯顺利地获得了这份工作。

求职失败不可怕，怕的是不敢再来。在求职过程中，难免会遭受失败，有些求职者经历过一次打击，就开始怀疑自己的能力与求职方向，甚至会放弃继续找工作的信心，自哀自怜。这是一种极为消极的求职态度。选择自怜，除了徒增烦恼之外，于事无补。唯一能使你摆脱困境的是保持良好的心态，重整旗鼓、再次汇聚能量，奔向下一个目标。

对于大多数求职者来说，最为痛苦的事情莫过于在求职过程中遭受打击，被用人单位拒之门外，而最为感到庆幸的事，也无非是找到一份称心如意的工作。虽然求职的结果很重要，但是你应该清楚一个道理：过程和结果同样重要。在求职过程中，你可以增长许多社会阅历，这无形中锻炼了你的心理承受能力。所以，即便在求职过程中屡遭挫折，你也不要气馁，只要能调整好心态，坚信“天生我才必有用”，相信阳光总在风雨后，一定能找到适合自己的工作。同时，你也要为自己的失败经历感到庆幸。因为经历这些挫折后，你的经验增长了不少，自己又成熟了几分。

张颖是某大学刚刚毕业的学生，由于个子比较矮，多次求职都被用人单位婉言谢绝了。

一天，张颖在人才招聘市场中徘徊。她问了20多家公司，招聘人员都以各种理由拒绝了，有的甚至直截了当地告诉她身高不够，对她不作考虑。张颖的自尊心受到了严重打击。正当她准备离开人才市场时，一名市场管理员叫住了她，问她：“小姑娘，你希望应聘什么职位？”张颖失落的心里顿时产生了一线希望，她说：“我想应聘文员，可是……”管理员说：“我明白你的感受，刚才发生的事情我都看到了。”

张颖愁眉苦脸地说：“小时候，我得了一场重病，家里穷，父母没有钱带我去比较好的医院治疗，结果落下了后遗症。就因为身高过矮，每家企业都以各种理由拒绝了我，我很伤心。我只是想找一份能养活自己的工作，这样家里就会减少一份负担。可是，自从毕业后我一直奔走在各大人才市场中，每次的结果都一样，两手空空而归。我受到的打击太沉重了，真有些心力交瘁的感觉。”管理员说：“我理解你的心情，但是，你不要灰心，我是这里的管理员，每天看着成千上万的求职者在这里投简历、面试。有的人能高高兴兴地满意而归，但绝大多数的人也和你一样，承受着打击，但是他们遭遇打击后没有丧失信心，而是通过自己的努力，最终找到了满意的工作．你也应该向他们学习，受到打击后千万不能自暴自弃，这才是一个求职者应具备的良好心态。”张颖感激地给市场管理员鞠了一躬，转身离开了。不久后，张颖通过努力终于找到了一份工作。

每一次求职都可能成为你人生的一个转折点，既可能成就你，也可能打击你，就看你用什么样的态度对待它。遇到打击后不要灰心，这是求职者应具备的良好心态。求职本来就是一个尝试的过程，你要相信个人的能力，及时调整心态，否则，会被失落感控制着大脑，影响继续求职的状态。

对求职者来说，好心态能够提供最坚强的力量，帮助你克服求职过程中的种种困难，直到找到适合自己的工作。拥有好心态的人不会因遭受挫折而失去求职的勇气，他们会充分地挖掘自身的价值与潜能，不断努力，直到取得成功。

换一个角度来看，积极的心态也是求职者必须具备的一项基本素质。如果你想找到一份适合自己的工作，就要保持积极的心态，相信自己是最好的，坚信自己一定可以做到，并且会不断努力，直至实现自己的目标。

瓦拉赫效应：做自己喜欢且感兴趣的事情

在职场中，很多人都想事业有成，但大部分人都很困惑：成功的秘诀是什么呢？答案是：做自己喜欢且感兴趣的工作。因为这会让你的能力得到充分发挥，起到事半功倍的效果，自己会更有成就感。如果你把大量的时间和精力消耗在一些自己不喜欢或不擅长的事情上，结果往往会不尽如人意。

奥托·瓦拉赫是诺贝尔化学奖获得者。瓦拉赫刚读中学时，父母为他选择的是一条文学之路，不料一个学期下来，教师为他写下了这样的评语："瓦拉赫很用功，但过分拘泥于规范。这样的人即使有着完美的才能，也绝不可能在文字上发挥出来。"

此后，他改学油画。可瓦拉赫既不善于构图，又不会调色，对艺术的理解力也不强，成绩在班上是倒数第一，学校给他的评语更是难以令人接受："你是绘画艺术方面的不可造就之才。"

面对如此"笨拙"的学生，绝大多数老师认为他已成才无望，只有化学老师认为他做事一丝不苟，具备做好化学实验应有的品格，建议他试学化学。他的父母接受了化学老师的建议。这次，瓦拉赫智慧的火花一下被点燃了，他在化学上获得了巨大的成功。

瓦拉赫的成功，说明这样一个道理：人一旦找到自己最佳的事业选择，使潜力得到充分的发挥，便可取得惊人的成绩。这一现象被人们称为“瓦拉赫效应”。

成就一份事业的最佳途径，就是做自己喜欢且感兴趣的事情。兴趣是最好的老师。有关研究资料表明，如果一个人对某一工作有兴趣，他就有可能发挥出全部才能的80%~90%，并且长时间保持高效率而不感到疲劳。相反，对工作没有兴趣的人，只能发挥出全部才能的20%~30%，也容易精力疲乏。诺贝尔物理学奖得主丁肇中说过：“兴趣比天才重要。”谁找到了自己最感兴趣的工作，谁就等于踏上了通向成功的道路。

李开复如果不是因为大学时的那次重要决定，他到现在都还可能只是一个名不见经传的律师。

李开复考上了哥伦比亚大学的法律专业后，被很多人羡慕，觉得他以后从事法律工作将会是一件很体面的事情。刚开始，李开复也是如此为自己设计好了未来：毕业后成为一名律师，这个行业不但收入不错，还能得到人们的尊重。

可是，过了不到半年，李开复却苦恼起来。因为，他渐渐发现自己真正的兴趣并不在法律上，而且自己根本就不喜欢法律。每天上课时，他总是昏昏欲睡，整个人打不起一点精神来。在这段时间，李开复思考得最多的一个问题是：“我的人生该何去何从呢？”

百无聊赖中，他接触到了计算机。很快，他便疯狂地迷上了计算机。他在图书馆借了大量编程的书籍，每天都不知疲倦地练习编程。对于这样“不务正业”的举动，老师和同学们都感到非常惊讶，他们认为李开复真是疯了。

大二那年，李开复思考了很长时间，终于做了一个重要的决定：放弃自己的专业，转入计算机系学习编程。

在那个时代，计算机还属于高科技的产品，它究竟能给人们的生活带来多大的影响还是个未知数。而且，当时的哥伦比大学计算机系也是刚刚成立，来报名学习这个专业的学生非常少。因为，大家不知道学习计算机以后究竟能做什么工作。

从受人尊敬的律师转到一个前途未卜的领域里来，这使认识他的人都深为不解。许多朋友都劝他三思而行，不要放弃前途光明的法律专业。但李开复毅然地决定坚持自己的选择。因为他知道，人的生命只有一次，不应该浪费在自己不喜欢的事情上，而要用自己的一生时间去学习和研究自己感兴趣的领域。

没想到的是，他一进入计算机领域，便如鱼得水，整个人充满了激情。后来，他又进入卡内基梅隆大学继续攻读计算机方面的硕士及博士课程，并获得了计算机专业博士学位。他开发的“语音识别系统”获得了《美国商业周刊》最重要发明奖。他于1998年加盟微软，创立了微软亚洲研究院。2000年他升任微软全球副总裁，是微软职位最高的华人。2006年他又出任谷歌公司全球副总裁、中国区总裁。

后来，李开复在一次采访中说：“我觉得自己之所以有今天的成就，最重要的原因就是自己上大学时的那个重要决定。在那个时候，我也不知道计算机能够发展到现在这么高的水平，我只是知道自己喜欢计算机，当我选择学习计算机时，我的生命就有了努力的方向。”

做你最喜欢做的事更容易成功。心理学家认为，当一个人从事自己所喜爱的职业时，他的心情是愉快的，态度是积极的，而且他也很有可能在所喜欢的领域里发挥最大的才能，创造最佳的成绩。

当然，做自己喜欢做的事，并不是那么容易的。事实上，大多数人都在做他们不喜欢的事情，却又必须逼着自己把不喜欢的事情做得更好。在这种乏味的工作中，他们会经常失去动力，遇到事业的瓶颈，而没有相应的解决方案。他们不断地征求别人的意见却还是照着旧的生活方式生活。凡事没有多大的进展，甚至是在原地徘徊。这些当然不是他们想要的，但是由于客观的原因和条件的制约，他们当中却很少有人试着去改变自己的状况。

一位知名企业创始人说：“一个人要成功的话，一定要找到自己最想做的事，当然这也是他最能干的事，这样他就能够每天都很有劲地去工作，也容易成功……”内心的喜好是推动事业进步的最大动力，它能帮你克服困难，坚持到底。一个人如果能够根据自己的兴趣爱好去选择事业的目标，他的主动性将会得到充分发挥。他即使十分疲倦和辛劳，也总是兴致勃勃，心情愉快；即使困难重重也绝不灰心丧气，而会去想办法，百折不挠地去克服它。如果你喜欢你所从事的工作，你工作的时间也许很长，但丝毫不觉得是在工作，反倒像是在玩游戏。所以，只有做自己喜欢做的事情，最感兴趣的事情，才能最大限度地实现自身的价值，取得更好的成就。

比尔·盖茨说过：“做自己喜欢和善于做的事，上帝也会助你走向成功。”如果你想要获得成功，一定要更真实地面对自己，倾听自己内心深处的声音，问问自己："这真的是一辈子最喜欢做、最想做的事情吗？"如果是的，那就赶紧开始努力吧！

雷尼尔效应：工作不仅是为了薪水

雷尼尔效应来源于美国华盛顿大学的一次风波。

有一年，该大学计划修建一座体育馆。这一消息一经传出，便立刻引起了教授们的强烈反对。校方最终顺从了教授们的意愿，取消了这项计划。为什么教授们会反对这项计划呢？原因在于校方选定的位置位于校园内的华盛顿湖畔，这就意味着体育馆一旦建成，恰好挡住了从教职工餐厅窗户可以欣赏到的湖光风景。为什么校方又会如此尊重教授的意见呢？原来，华盛顿大学教授的工资要低于一般美国教授平均工资的20%左右。教授们之所以愿意接受这么低的工资，而不到其他大学获取更高的报酬，大多是留恋学校所在地西雅图的湖光山色。西雅图位于太平洋沿岸，不仅华盛顿湖的美景尽收眼底，天气晴朗时还可以看到美洲最高的雪山之一雷尼尔山峰。

华盛顿大学的教授们为了山湖美景而宁愿牺牲掉获得更高收入的机会，这一现象被称为"雷尼尔效应"。

雷尼尔效应告诉我们，工作不仅是为了薪水，我们还可以关心薪水以外的东西，例如，快乐、享受、成长等。

日本经营家稻盛和夫曾经说过："工作所得不单是领到薪水而已，工作可使我们的心灵得到一定程度的满足。事实上，通过工作，我们可以发现人生新的意义。”的确，工作为了薪水，只是人们最低层次的需要；而每个人都有自我价值实现的高层次渴望和要求。对于职场中人来说，工作是他们实现自我价值的一个很好的途径。如果一个人仅是为了薪水而工作，那么他不仅会失去工作的乐趣，也往往会失去一些更为重要的东西。

为了薪水而工作，这在年轻人中比较常见。一些年轻人在走出校园时，总对自己抱有很高的期望，认为一开始工作就应该得到重用，就应该得到相当丰厚的报酬。他们在工资这件事上喜欢相互攀比，似乎工资成了他们衡量工作好坏的标准。然而，工作固然是为了生计，但是比生计更可贵的，就是在工作中充分挖掘自己的潜能，发挥自己的才干。

曾有人说：“在初入社会的时候，不要太顾及你的老板所给你的薪水是多少。你不如去想一想你自己还可以从中获得哪些可能的好处，比如技能的提高，经验的积累及整个生命的充实等等。”工作是一个自我发展的机会。你可以在工作中培养自己多方面的能力，比如行政能力、决策能力、社交能力等，而所有这些都远远超过了你得到的薪水的价值。

有一次，一名年轻的报社记者去采访著名的企业家松下幸之助。为了这次来之不易的采访机会，年轻人事前做了充足的准备工作。因此，他与松下幸之助谈得很愉快、很投机。采访结束后，松下幸之助亲切地问年轻人：“你现在每个月的薪水是多少？”“薪水很少，一个月才一万日元。”年轻人不好意思地回答。

“很好！其实，你知道吗，你的薪水远远不止一万日元。”松下幸之助微笑着对年轻人说。

这位年轻的记者听后，心里感到有些奇怪：“不对呀，明明我每个月的薪水只有一万日元，可松下先生为什么会说不止一万日元呢？”

看到年轻人一脸的疑惑，松下幸之助接着道：“小伙子，你要知道，你今天能争取到采访我的机会，明天也就同样能争取到采访其他名人的机会，这就证明你在采访方面有一定的潜力。如果你可以借此多多积累这方面的才能与经验，这就像你在银行存钱一样，钱存进了银行是会生利息的，而你的才能也会在社会的银行里生利息，将来能连本带利地还给你。”

可见，相对于薪水来说，知识、经验和工作的技能对于一个人的成长更加重要。薪水是对我们现有能力的认可，是我们现有价值的兑现，而能力和经验的积累则可以使我们未来的价值增值。假如只是为了能多挣一些工资而工作，把工作当作解决自己生计问题的一种手段，那就得不偿失了。

一个为薪水而工作的人是无法走出平庸的生活模式的，也从来不会有真正的成就感。所以，不要刻意考虑你目前薪水的多少，而应当珍视工作本身给你创造的价值。要知道，只有你自己才能赋予自己终身受益无穷的资本。

跳蚤效应：目标是人们行动的指南

现实生活中，有很多人之所以没有成功，不是他们追求不到成功，而是他们不敢追求成功。因为他们的心理已经默认了一个“高度”，这种心理常常暗示他们：成功是不可能的，是没办法做到的。这就是人们常说的“跳蚤效应”。

“跳蚤效应”来源于一个有趣的实验：如果将跳蚤放在桌面上，一拍桌子，跳蚤就会立刻跳起来，跳起高度均在其身高的100倍以上，它堪称世界上相比身高跳得最高的动物！

为了研究跳蚤跳高特性，生物学家曾经将跳蚤随意向地上一抛，它能从地面上跳起一米多高。但是如果在一米高的地方放个盖子，这时跳蚤跳起来会撞到盖子，而且是一再地撞到盖子。

过一段时间后，研究者们拿掉盖子，他们惊奇地发现，虽然跳蚤继续在跳，但已经不能跳到一米高以上了，直至结束生命都是如此。

为什么会这样呢？理由很简单，它们已经随环境调节了自己跳起的高度，而且适应了这种情况，不再改变。

不但跳蚤如此，人也一样，即有什么样的目标就有什么样的人生。

目标对于一个人来说是极其重要的，一个人未来成就的高度，取决于他为自己所制定的人生目标。人生目标可以影响一个人的动机和行为方式，改变一个人的生活，重塑一个人的性格。毫不夸张地说，一个人的命运如何，很大程度上取决于这个人为自己所制定的人生目标。

目标是人们行动的指南。无论你从事什么工作，明确自己的目标和方向都是非常必要的。只有对自己的工作进行恰如其分的设计，知道你的目标是什么、你到底想做什么之后，你才能够更快地达到自己的目的，你的梦想才会更容易变成现实。

人生没有明确的目标，就如同大海中的船舶失去了灯塔的指引，永远无法靠岸。而明确自己的人生目标，则能找到清晰的方向，为工作和生活带来无穷动力。

有一名保险推销员，他一直都希望能跻身于最高业绩的行列中。但是一开始这只不过是他的一个愿望，他从没真正去争取过。直到三年后的一天，他看到了一句话："如果让目标和愿望更加明确，就会有实现的一天。"

于是，他就开始设定自己希望达到的总业绩，然后再逐渐增加，这里提高5%，那里提高10%，结果他的顾客却增加了20%，甚至更高。这激发了这位保险推销员的工作热情。从此他不论任何交易，都会设立一个明确的数字作为目标，并在一两个月内完成它。

"我觉得，目标越是明确，越感到自己对达成目标有股强烈的自信与决心。"他说。他的计划里包括"我想得到的地位、我想得到的收入、我想具有的能力"等，然后，他把所有的访问都准备得充分完善，不断学习相关的业界知识，还会进行多方面的努力积累。他终于在第一年的年终，使自己的业绩打破了之前的纪录，而且之后的年头效果更佳。

最后，这名保险推销员得到一个结论："以前，我也考虑过要扩展业绩、提升自己的工作能力。但是因为我从来只是想想而已，不曾付诸行动，当然所有的愿望都落空了。自从我设立了明确目标，以及为了实现目标而设定具体的数字和期限后，我才真正感觉到，强大的推动力正在鞭策我去达成它。"

目标是一个人奋斗和努力的方向，也是一种对自己的鞭策。工作中，有了目标，才会有热情、有积极性、有使命感和成就感，才能最大限度地发挥自己的优势，调动自己的潜能，造就自己璀璨的人生。相反，如果一个人没有明确的目标，他就会失去热情，也丧失了进取的活力。

康德曾经说过：“没有目标而生活，恰如没有罗盘而航行。”当一个人不知道他下一步要干什么的时候，他极大可能是颓废的。所以说，目标是我们行动的指南，做任何事情都要有明确的目标。

许多人怀着羡慕、忌妒的心情看待那些取得成功的人，总认为他人取得成功的原因是有外力相助，于是感叹自己的运气不好。殊不知，他人取得成功的原因之一，就是确立了明确的目标。

有一个年轻人曾因为工作问题跑来找拿破仑·希尔，这个年轻人大学毕业已经四年了。

他们先谈了年轻人目前的工作、受过的教育、家庭的背景和对工作的态度，接着拿破仑·希尔问年轻人：“你找我帮你换工作，你喜欢哪一种工作呢？”

年轻人说：“这正是我来找你的目的，也是我一直所苦恼的事情，我真的不知道自己想要干什么。”

拿破仑·希尔又问道：“让我们换个角度，10年以后你希望自己变成什么样子呢？”

年轻人想了想，说：“我期待我的工作和别人一样，待遇优厚并且有能力买一栋房子和一辆汽车。当然，我还没有深入思考过这个问题呢。”

拿破仑·希尔继续问道：“那是很自然的，你现在的情形就好比跑到火车站的售票处说‘请给我一张火车票’。除非你说出你的目的地，否则售票员没办法卖给你车票。我只有知道了你的目标，才能帮你找工作。换而言之，你自己确定自己的目标了吗？”

年轻人陷入了沉思之中。拿破仑·希尔确信，年轻人已经学到了人生中最关键的一课，那就是：你出发之前，一定要有明确的目标。

一个人如果没有明确的目标就没有做事的欲望，也就失去了做事的动力。目标就是希望，目标就是挖掘潜能的动力。如果你想获得事业上的成功，你就必须要先有一个明确的目标。有了目标，有了指引前进方向的“指南针”。什么是应该去做的，什么是不应该去做的，为什么而做，为谁而做，所有的问题都变得那么明显而清晰。总之一句话，只有明确的行动目标，才会有为之奋斗的不竭动力。

第二章

职场心态：
不要让负面心态毁了你

杜利奥定律：激活热情，一切大不同

美国自然科学家、作家杜利奥提出：没有什么比失去热忱使人觉得更糟糕了。此定理被称为“杜利奥定律”。

杜利奥定律告诉我们，热情是人生中最重要的精神财富之一。它是一个人生存和发展的根本活力源，是人自身附带的“强心剂”。它可以使人释放出巨大的潜在能量，并发展成一种强大的个性。

比尔·盖茨曾说过：“每天早晨醒来，一想到所从事的工作和所开发的技术将会给人类生活带来的巨大影响和变化，我就会无比兴奋和激动。”比尔·盖茨的这句话阐释了他对工作的热情。在他看来，一个事业成功的人，对工作的热情和能力、责任、忠诚一样不可或缺。而他的这种理念，也已成为微软企业文化的核心。

微软的招聘官员曾对记者说：“从人力资源的角度讲，我们愿意招的‘微软人’，他首先应是一个非常有热情的人：对公司有热情、对技术有热情、对工作有热情。比如说最近工作岗位上招了一个新人，有的人可能会觉得奇怪，怎么会招聘这么一个人，他对这个行业涉入不深，以往成绩也不大，但是他有热情，和他谈了之后，你会受到感染，愿意给他一个机会。”可见，对工作充满热情，是每个有进取心的职场人士必须具备的一个重要的品质。一个没有热情的人，不会让自己的进取心和梦想像火一般地熊熊燃烧，并把这种进取心和梦想转化为对成功执着不断的追求和卓有成效的行动。

热情是一种洋溢的情绪，是一种积极向上的态度，更是一种高尚珍贵的精神，是对所做之事的热衷、执着和喜爱。不论我们从事的是什么样的工作，如果没有倾注自己的热情，都很难将它做好，也很难在某一领域做出成就并展现自我的价值。

有一次，时任美国中央铁路公司总裁的佛里德利·威尔森被记者问到如何才能使事业成功，他是这样回答的：“一路走来，我经过了许多风雨。我认为，成功者和失败者的聪明才智相差都不大。在这种情况下，只有对工作富有热情的人，才比较容易成功。一个不具备实力而富有热情的人，与一个虽然具有实力但没有热情的人相比，前者的成功机会大于后者。”

热情是一种积极的精神力量，它是与生俱来的，只要善加利用，就可以在生活和工作中使之转化为巨大的能量。如果要想取得成功，你就要在工作中时刻充满热情，坚信你从事的事业能够成功，发掘那些积极的方面，从而促使自己行动起来。这有助于点燃你内心的热情之火，它一旦点燃，你下一步该做的就是不断加柴，保持火苗越来越旺。如果你一时没有焕发出热情，那么你就强迫自己全身心投入，久而久之，你就会逐渐变得富有热情。如果你想更热情些，还可以与其他有热情的人待在一起。

法兰克·派特是美国著名的人寿保险销售员，他转行之前曾是一名棒球运动员。刚进入职业棒球界不久，他就遭受到有生以来最大的打击——他被开除了。球队经理对他说：“你在赛场上慢吞吞的样子，像是已经在球场混了二十年！我告诉你，无论你到哪里做任何事，若不提起精神来，你将永远不会有出路。”

法兰克离开原来的球队以后，一位老队友把他介绍到新球队去。在新球队的第一天，法兰克有了一个重要的转变。因为在那个地方没有人知道他过去的情形，他就决心变成新球队里最具有热情的球员。为了实现这点，当然必须采取行动才行。

在赛场上，法兰克好像全身带着电，他投出的高速球，使接球的人双手都麻木了。一次法兰克以强烈的气势冲入三垒，那位三垒手吓呆了，球漏接，法兰克就盗垒成功了。当时气温高达39℃，法兰克在球场奔来跑去，极可能因中暑而倒下去，但在强大的热情支持下，他挺住了。

这种热情所带来的结果，真令人吃惊。法兰克的月薪增加到原来的七倍。在往后的两年里，他一直担任三垒手，薪水加到之前的三十倍之多。这是为什么呢？法兰克自己说："就是因为一股热情，没有别的原因。"

后来，法兰克的手臂受了伤，不得不放弃打棒球。接着，他到人寿保险公司当保险员，整整一年多都没有什么成绩，因此很苦闷。但很快他对工作又变得富有热情了，就像当年打棒球那样。

再后来，他成了人寿保险界的大红人。不但有人请他写书，还有人请他演讲自己的经历。他说："我从事推销已经15年了。我见到许多人，由于对工作抱着无限的热情，使他们的收入成倍地增加。我也见过另一些人，由于缺乏热情而走投无路。我深信唯有热情，才是成功推销的最重要因素。"

热情是战胜所有困难的强大力量。它使你保持清醒，意志坚强；它使你全身心地投入你选择的事业中，唯有保持对工作的热情，你才会有永不衰竭的动力；唯有热情地对待你从事的工作，你才能主动出击、脱离平庸；唯有对工作充满热情，你才能在挫折面前永不言败、笑到最后！

热情是经久不衰地推动你面向目标勇往直前，直至你成为人生主宰的原动力。只要充分发挥自己的热情，凭借着这种力量，任何一个人都可以出色地完成自己的工作，最终实现自己的人生价值。

踢猫效应：别成为坏情绪的传递者

生活中，我们的情绪无时无刻不受别人的影响，并影响着别人。美国夏威夷大学的心理系教授伊莱恩·哈特菲尔德经过研究发现，包括喜怒哀乐在内的所有情绪都可以在极短的时间内从一个人身上“感染”给另一个人，这种感染力速度之快甚至不到一眨眼的工夫，而当事人也许并未察觉到这种情绪的蔓延。

为了重整公司纪律，某公司的董事长承诺自己每天早来晚走。但有一次出了意外，他因为看报看得太入迷而忘了时间。为了按时赶到公司，他在公路上超速驾驶，结果被警察开了罚单，反而迟到了。

董事长十分生气地进了办公室，为了转移大家的注意力，他将销售经理叫来办公室，然后对其训斥了一番。挨训之后的销售经理气急败坏地离开董事长的办公室，回去后将秘书叫进办公室，并对她挑了一番毛病。无缘无故被人挑毛病，秘书窝了一肚子气没处撒，所以故意找接线员的碴儿。接线员无可奈何、垂头丧气地回到家后，对着自己的儿子发了一顿脾气。莫名其妙地被父亲痛斥一顿，儿子也很恼火，所以狠狠地给了家里的猫一脚。

上面的例子里，坏情绪就像从金字塔的塔尖一直扩散到最底层一样，而那个无处发泄的、地位最弱小的——猫，成为最后的受害者。这种现象在心理学上就被称为“踢猫效应”。

一般而言，人的情绪会受到环境以及一些偶然因素的影响。当一个人的情绪变坏时，潜意识会驱使他选择下属或无法还击的弱者发泄。受到上司或者强者情绪攻击的人又会去寻找自己的出气筒。这样就会形成一条清晰的愤怒传递链条，最终的承受者，即“猫”，是最弱小的群体，也是受气最多的群体，因为也许会有多个渠道的怒气传递到他们这里来。

在现实生活里，我们很容易发现，许多人在受到批评之后，不是冷静下来想想自己为什么会受批评，而是心里面很不舒服，总想找人发泄心中的怨气。其实这是一种没有接受批评、没有正确地认识自己的错误的一种表现。受到批评，心情不好这可以理解，但被批评之后产生了“踢猫效应”，这不仅于事无补，反而容易激发更大的矛盾。

秋天来了，寒风乍起，女医生在上班的路上看到服装店摆出了秋装，就走进去准备为自己买件厚点的外套。她刚看了两件，服务小姐就不耐烦了，问道：“你是来买衣服还是来欣赏衣服的？”女医生出门时的好心情荡然无存，她窝着一肚子气走出了商店。

来到医院，她开始了一天的工作。在办公室里，一位病人拿着处方征求女医生的意见：“大夫，这种药太苦了，能否换一种同样功效但不这么苦的药？”女医生火气未消，没好气地问："你是治病呢，还是尝药？"病人听了这话，生气地走了。

这位病人是银行职员，他对医院里发生的事儿越想越气，也不由自主地与客户发生了口角。

当一个人在外面受到委屈或者心情不顺畅，对什么都看不顺眼时，他会自觉或不自觉地将这种坏情绪传染给其他人，结果导致很多人心情糟糕。

心理学家说："情绪病毒就像瘟疫一样从这个人身上传播到另一个人身上，一传十、十传百，搞不清从哪儿开的头，也不知将到何处终止，其传播速度有时要比有形的病毒和细菌的传染还要快。被传染者常常一触即发，越来越严重，有时还会在传染者身上潜伏下来，到一定的时期重新暴发。这种坏情绪污染给人造成的身心损害，绝不亚于病毒和细菌引起的疾病危害。"事实也是如此，情绪污染的危害极大，一个人的不良情绪，会像无形的波浪，一圈一圈地波及，把周围许多人或事牵连进去，造成大家的不悦。所以我们要加强修炼，学会克制，尽量不发牢骚，隐藏烦恼与懊丧，不去错怪一个人，不要让不良情绪蔓延开来，否则对我们没有好处，对别人也都没有好处。

为预防情绪传染，建议大家不妨从以下几个方面努力改善。

（1）当你遇到烦恼的事时，要习惯于控制自己的情绪，而不应把这些不愉快的情绪渲染、转嫁到他人身上。

（2）每天面带微笑，因为微笑就像阳光一样能给周围的人带来快乐。

（3）要用积极思维看待事情，不要只看坏的一面，并提醒自己不要忘记在其他方面取得的成就。积极的思维能使人在悲观中看到前途，化冷漠为热情，变焦虑为镇静。

（4）当对方触犯你时，你也可以站在对方的角度想一想，可能就会觉得对方的行为情有可原了。这样，不良情绪就会减弱，甚至消失了。

（5）当你产生不良情绪时，你要迅速把注意力转移到别的方面去。比如，有时你碰到不顺心的事情或在家中与亲属发生争吵，不妨暂时离开一下现场，换个环境，或者同别人去侃大山，或者参加一些文体活动，娱乐娱乐。这样很快就会把原来的不良情绪冲淡以至赶走，而重新恢复心情的平静和稳定。

总之，如果你不想被负面情绪困扰，你就必须加强心灵修养，做一个既不容易被负面情绪影响，也不轻易将坏脾气传达给他人的人。

青蛙法则：职场竞争时刻都在发生

青蛙法则源自生物学上著名的“温水煮青蛙实验”：把一只青蛙突然扔进开水里，沸水令青蛙的神经系统受到强烈刺激，青蛙在条件反射的作用下可以迅速跳出去。但是若把青蛙放在凉水里，让水温慢慢上升，青蛙便浑然不觉危险存在，怡然自得地游来游去，等到它感到热的时候，已经无力动弹，唯有坐以待毙。

这个实验揭示了一个十分残酷的事实：突如其来的外在刺激或强敌往往能使人奋起应对，发挥出意想不到的潜力；而慢慢地腐蚀却往往使人防不胜防，一蹶不振。

我们可以用“生于忧患，死于安乐”诠释上面的实验。青蛙如此，人也是如此。俗话说：“天有不测风云，人有旦夕祸福。”一个人如果丧失了忧患意识，那么，就会像被温水煮的青蛙一样，在麻木中“死亡”。

21世纪是一个充满风险与挑战的时代，我们的生活、工作、思维方式都正在发生很大变化。要在这样的环境里很好地生存，就要学会深谋远虑，防患于未然。

伊索寓言里有一则故事：

有一只野猪对着树干磨它的獠牙，一只狐狸看到了，问它："为什么不躺下来休息享乐，而且现在也没看见猎人啊？"野猪回答说："等到猎人和猎狗出现时再来磨牙就来不及啦！"

野猪尚且知道在危险来临之前做好准备，我们作为人，就更应该有危机意识了。我们常说的"有时常思无时""有备无患"都是指这个道理。仔细想想，你是否为自己的将来做过一些什么准备？如果你什么也不去做，只是一味地担忧，那么可悲的命运可能会降临到你的头上。相反，如果你一直在为自己今后的生活做准备，你就不会害怕了，因为你早已经准备好了应对的方法。

居危思安不是消极脆弱的态度，反而是积极果敢的，是对"生于忧患、死于安乐"这种规律性现象的自觉认识。所以，在职场中，我们要保持清醒的头脑和敏锐的感知，对新变化做出快速的反应。不要贪图享受，安于现状，否则当你感觉到环境已经使自己不得不有所行动的时候，你也许会发现，自己早已错过了行动的最佳时机，等待你的只是悲哀、遗憾和无法估计的损失。

郭静和王翔是大学同班同学，学的专业是软件开发，他俩都是老师非常欣赏的学生。

毕业的时候，郭静的工作没有着落，几经辗转之后，才找到了一家小公司从事软件开发工作；王翔的运气非常好，大学一毕业，就被当地的一家中型培训机构看重，做了一名软件培训师。

郭静和王翔的待遇完全不同，郭静总是非常匆忙地上班，每天都很忙碌。有时候还要面临加班和出差，工作压力和强度都不小，收入却非常一般；王翔上班的时间非常规律，而且所得丰厚。

郭静从来没有抱怨，她特别珍惜这份来之不易的工作，除了上班时用心工作外，还在业余时间翻阅大量的专业书籍，以增加自己的专业知识，有空就和同事讨论工作中的技术难点。短短一年内，郭静的技术得到突飞猛进的发展，拿到了本单位最高的年终奖金。

王翔则自认为进了一家好的培训机构就算有了“铁饭碗”，除了应付上班，根本就不去学习，整天只顾着玩游戏。他从来没想过有一天，培训机构会因生源不足而裁员。而此时的王翔对于新的技术完全不了解，最终在竞争中被淘汰出局……

“物竞天择，适者生存”，这句话不仅是生物生存的自然法则，也是职场生存的至理名言。现代职场竞争是残酷无情的，一个人如果没有危机意识，很可能会在未来被职场淘汰。未来是不可预测的，而人也不会天天走好运，所以我们更要有危机意识，在心理上和行动上有所准备，应付突如其来的职场变化。如果没有准备，不要说应变，光是心理受到的冲击就会让你手足无措。有了危机意识，或许不能把困难消灭，但可把损失降到最低，为自己备好一条职场出路。

卢维斯定理：保持一个谦虚的心态

“卢维斯定理”是美国心理学家卢维斯提出的。他曾指出：“谦虚不是把自己想得很糟，而是完全不想自己。”后来人们在此观点的基础上进行了丰富，将其归纳为：“每个人都有展现自我的心理，但在展现自我的同时，要保持谦虚的态度，把自己放在最低的位置。”

在职场中，谦虚的人往往受欢迎，而那些大肆张扬、傲慢无礼的人通常是遭人反感厌恶的。英国伯爵柴斯特·菲尔德说：“如果你想受到赞美，就用谦逊去做诱饵吧。”谦虚不仅是人们应该具备的美德，也是获得良好人际关系的途径。谦虚的人之所以受欢迎，是因为他们能够把自己放在一个更低的位置，不吝于向别人请教。

一家大型外贸公司的部门经理张先生从高校找了一批专业对口的大学生到公司实习。实习结束时，张先生把郭亮同学留了下来。其他的人一个也没用。

大家很好奇，张先生为什么唯独把他留下来呢？张先生说，郭亮很谦虚，就是这样一颗谦虚向上的心打动了他。

正式实习的第一天，张先生向同学们介绍了部门的成员老刘。老刘是公司的老业务员，年龄偏大。其他同学都喊他“老刘”，而郭亮一直很尊敬地称呼他为“刘老师”，一有问题就向老刘请教。

郭亮也不像其他同学那样无所事事，他见事就做，跟着同事跑银行、跑业务，即使在大热天挤公共汽车也毫无怨言。很多人说他是自讨苦吃，但是郭亮不这样认为，他说：“只要是不懂的，我就多学点儿，总没有坏处。”

老业务员谈业务的时候，郭亮就默默地坐在一边“旁听”，细心地揣摩应该如何同外商交谈。有时老业务员打电话，郭亮还悄悄地给老业务员递一支笔、一张纸，让他人感到暖心的同时，也让郭亮自己学到了经验。他用谦虚和真诚赢得了大家的好感。

“谦虚使人进步，骄傲使人落后。”生活中，那些才识、学问愈高的人，在态度上反而越谦卑，希望自己能精益求精，更上一层楼。一个人谦虚，就能听得进别人的意见、摆正自己的位置。相反，就容易居高临下，目中无人。

谦虚是通往成功和赢得人们尊重的最重要的品质之一。法国启蒙思想家孟德斯鸠说过：“谦虚是不可缺少的品德。”具有这种品格的人，在待人接物时能温和有礼、尊重他人；善于倾听他人的意见和建议，能虚心求教，取长补短；对待自己有自知之明，在成绩面前不居功自傲；在缺点和错误面前不文过饰非，能主动采取措施进行改正。在职场中，懂得谦虚的人往往能得到别人的友善和关照，从而为将来事业的成功打下良好基础。

刘超是一家科技公司的技术工程师，他是从名校毕业的大学生，刚进入公司没有多久，就成功地为公司开发出了一款软件。这样的成就让刘超获得了公司高层领导的关照，没有多久就被破格提升为公司一个部门的主管。刘超非常高兴，因为下属对他的成就都非常了解，对他恭敬有加，这让刘超飘飘然起来。

刘超来到这个部门以后，这个部门的业绩又很快提升了很多，这导致很多领导都觉得他年轻有为，应该给他更大的发展前途，于是一致决定让刘超管理一个分公司。

就这样，刘超到分公司上任了。新官上任三把火，刘超在第一次开会的时候，就开始陈述自己的学历和业绩，并且说："我来这里就是要把业绩提升上去的，我觉得我有这个能力，也有这个技术。"

刘超的一席话，让公司分部的一些老员工非常反感。他们显然不喜欢这个一上来就夸自己成就的新领导。而且，在每次会议上，刘超都把以前的业绩重提一遍。在批评一些老员工的时候，他总是说："我是工程师，我能不明白这个技术性的问题嘛，你这样的做法当然是不对的，必须回去重新做。"

刘超上任半年以后，这个分公司的业绩不但没有上升，反而有所下降。这让刘超很着急，他在全分公司职工动员大会上说："我以前的成绩是非常突出的，而且我的技术也是得到公司领导一致认可的，怎么到了你们这里就变成了这个样子？你们也太让我失望了。"

他的动员大会变成了一个夸奖自我、批评别人的大会。就这样，刘超在这个分公司待了一年以后，又被领导调回了总部，重新做起了工程师，领导再也没有让他担任过任何部门的管理者。

世界上只有虚怀若谷的求知者，没有狂妄自大的成功者。狂妄自大和自以为是并不会为我们赢得好的机会，只会断送我们的前程。因为一个喜欢标榜自己的人往往会失去朋友，没有人喜欢和一个爱自我表扬的人在一起。同时，这样的人也会失去别人的信任，别人不但会对他们的能力产生怀疑，更严重的是，他们的品德和灵魂也会遭人诟病。无疑，一个没有好人缘、不可信的人是难以与成功邂逅的。

谦虚是一种美德，更是一种人生智慧。你可能也会有这样一种体会：越是谦逊的人，你越是喜欢找出他的优点。这就是谦虚的效能。所以，身在职场的你要谦逊地为人与待人，这样才能博得别人的支持，赢得友谊，为你的事业奠定基础。

蓝柏格定理：将压力转化为前进的动力

蓝柏格定理是由美国银行家蓝柏格提出的，其核心内容为："给员工制造必要的危机感。"它给职场人的启示是：压力是可以转化为前进的动力的。

社会的进步、科技的发展、日趋激烈的竞争，不仅为我们带来了前所未有的便利与快捷，也给我们带来了巨大的压力。我们每一个人都能感觉到，在这看似轻松的时代，压力无处不在，危机四伏。大多数人可能会认为，压力是一种消极因素，殊不知压力在某种意义上更是促使人积极向上的动力。压力越大，动力也就越大，只有不断在压力中获得重生的人才能快速成长。

曾听过这样一段话："要想有所作为，要想过上更好的生活，就必须去面对一些常人所不能承受的压力，你得像古罗马的角斗士一样去勇敢地面对它、战胜它，这就是你必须走的第一步。"的确，压力中潜藏着成长的机缘。哪里有压力，哪里就有成长的契机。在很多时候，激情满满的工作状态必须靠压力来维持，个人潜能的开发只有在重压下才能实现，公司的长远发展只能在市场和竞争对手的压力下得到推动。

一个博士毕业生找了份满意的工作，但公司总是不断地在工作上给他压担子，他感到压力很大也很累，就去向他的导师请教。导师没有立即回答他的问题，反而领着他外出散步。像往常一样他们一边走一边漫谈，不知不觉在操场上转了一圈。导师看了一下表说：“你看我们已经走一圈了，用了近十分钟，现在你一个人用便步走一圈吧。”博士不明白导师的用意，只得信马由缰地走了一圈，回到导师身边。导师又看了下表说：“你这次走一圈用了六分多钟，现在请你把身边的那块石头扛在肩上，再走一圈吧。”博士只得把那石头扛在肩上，他感到很沉，只好小跑了一圈，回到导师身边已经是大汗淋漓、气喘吁吁了。导师又看了看表说：”这次你只用了三分多钟，你说是怎么回事呢？”博士想了想说：“老师我明白了，第一次因为我们漫无目的，所以用了最长的时间才走完一圈；第二次我心里有了走完一圈的目标，但没有压力所以用的时间也较长；第三次因为我心中有了走完这圈的目标，也有了肩上的重压，所以反而用了最短的时间。”导师赞许地点点头说：“这就是公司给你压力的原因呀。”

可见，在一定的压力范围内，一个人的工作业绩与压力是成正比的，即工作压力越大，工作业绩越好。对于强者而言，压力从来就不是包袱。因为适当的压力会转化为个人内心的动力，利于我们保持良好的状态，挖掘自己的潜能，提高工作效率。

“铁人”王进喜说：“油井没有压力打不出油；人没有压力做不好工作。”有压力才有动力，对任何人都一样。

在竞争激烈的职场中，只有那些能够正确面对压力，通过积极的努力，化压力为动力，最终出色完成任务的人，才会在同事中脱颖而出，得到企业和社会的高度认可。

美国麻省理工学院曾经做了一个很有意思的试验，试验人员用很多铁圈把一个成长中的小南瓜圈住，以便观察当南瓜逐渐长大时，对铁圈的压力有多大。

最初试验人员估计这个南瓜最大能够承受大约500磅的压力。

在试验的第一个月，如预期一样，南瓜承受了500磅的压力。

试验到第二个月时，这个南瓜承受了1500磅的压力，已经远远地超出了原来的估计。

当它承受到2000磅的压力时，为了避免南瓜将铁圈撑破，研究人员不得不重新对铁圈进行了加固。

等到试验进行到第三个月时，铁圈对南瓜的压力增加到了3000磅！

最后当研究结束时，这个小小的南瓜竟然承受了超过5000磅的压力。

当充满好奇的试验人员打开南瓜时，发现南瓜里面充满了坚韧牢固的层层纤维！

小小南瓜能够承受如此巨大的压力，实在令人惊奇。其实，人也是如此。只有那些顶着压力一步一步向前走的人，才能创造更大的价值。

没有压力就唤不醒斗志，没有压力就挖掘不出潜力，所以孟子说“生于忧患，死于安乐”。压力是一支强心剂，促使我们驱动着生命的车轮，不断快节奏地向上滚动，随之而来的，是我们在人生之书上写下辉煌的篇章，在人生大舞台上尽情展现自己的风采。

也许你正感受着来自工作上的压力，也许你正在为此抱怨、不平，与其诅咒命运的不公，不如换一种眼光重新领悟压力的价值。把压力化作动力，压力才能真正发挥出其内在的巨大力量。

蜕皮效应：敢于挑战才能成功

蜕皮，是许多节肢动物和爬行动物在生长过程中必须经历的一种自然现象。在生长期间旧的表皮脱落，由新长出的表皮来代替，通常每蜕皮一次就长大一些。这个成长过程被称为“蜕皮效应”。

蜕皮是一个痛苦的过程，把原有的表皮蜕掉本身就是疼痛难忍的。在新皮长出来之前，往往还要面临着各种危险。因此，每一次蜕皮都是一次生与死的考验。但是在经过蜕皮的痛苦过程之后，换来的却是一次新生，是更强壮、更成熟的生命。

其实，人生又何尝不需要经历一次又一次的蜕变。在挫折和坎坷面前，我们忍受着剧痛和心灵的折磨，然而只有勇往直前、义无反顾才能超越自己。超越自己，不仅符合自己的实际利益，而且是对自己生命的优化。所以，只有勇于接受生活的挑战，不断地充实自我，才会超越自己，才会走向最终的辉煌。

在职场中，我们总会遇到很多工作困难，有些人选择了退缩和回避，因为他们认为这些困难是不可能完成和战胜的。而有些人选择了迎难而上，付出自己最大的努力，即使最后失败了，也在所不惜。

调查表明，老板们最欣赏的，就是那些主动要求做某项新工作、接受新挑战的员工。无论能否做好，至少这些员工比那些只会被动接受工作的员工更令人欣赏，因为他们有勇气、有信心，而且会从尝试中学习到更多的经验，增长更多的才干。然而，具有讽刺意味的是，世界上到处都是谨小慎微、满足现状、惧怕未知与挑战的人，而勇于向不可能挑战的人才，犹如稀有资源一样，始终不可多得，是人才市场上的“抢手货”。

林翔是深圳一家机械装备公司的业务员，因为还在试用期，所以他还没有机会承揽多少业务。总经理从某些渠道得知，西部某小城需要他们公司的产品，就有意选派人员前往。大家都知道这项任务绝非美差，当地的生活条件十分艰苦不说，工作上还很难出成绩，于是，纷纷找理由推诿，有的说自己手上的案子要跟进，有的说家里有事不能离开。林翔向来是不服输的性格，就主动揽下了这项艰巨的任务。

到了那儿，林翔才发现，当地的情况比想象中的还要糟糕，在小城出差的日子并不如意，真令人有度日如年的感觉。更让林翔灰心的是，他在该城联系的几家工厂，都没有采购他们的产品，虽然林翔尽了最大的努力，但只有一家签了初步合作的协议。

回到单位后，因为林翔敢于接受高难度的工作任务，不推三阻四，老总并没有责怪他。恰恰相反，老总还对林翔的工作给予了肯定，认为他有进取心，责任能力强，敢于接受挑战。试用期一过，林翔就顺利地转为正式员工。从此以后，林翔在工作上更加积极，公司也对他青睐有加。很快，林翔就独当一面，被公司任命为一家分公司的经理。

在职场中，勇于挑战一些看似“不可能完成的事”，是锻炼自己能力难得的机会，长此以往，你的能力和经验会迅速提升。

在完成这些艰巨任务的过程中，你可能会感到一些痛苦，但痛苦会让你变得更加成熟。

工作中，确实有许多的“不可能完成的任务”堵在我们心头，它们无时无刻不在侵蚀着我们的意志和理想。其实，这些“不可能”大多是我们的想象，只要能拿出勇气主动出击，这些“不可能”就会变成“可能”。人的潜能是巨大的，一个人只有具备积极的自我意识，才会知道自己是个什么样的人，并知道自己能够成为什么样的人，进而积极地开发和利用自己身上的巨大潜能，将不可能的事变成可能，干出非凡的事业来。

里克尔和柯恩同时进入一家开发、销售电子产品的公司。里克尔毕业于一所著名的电子工业大学，有着硕士研究生的学历；柯恩学的是贸易专业，学历是本科。两年后，柯恩升为销售部的主管经理，里克尔却仍然是一名普通员工。

在圣诞节的宴席上，一位老员工小声问身边的总经理：“里克尔是硕士毕业，所学专业又与我们的产品吻合，你为什么提拔了柯恩而不提拔他？”

总经理微微一笑：“虽然柯恩的学历没有里克尔高，但他身上有一种拼搏的精神，敢于挑战困难。无论交给他什么任务，他总是尽力完成。而里克尔虽然学历比较高，才能也在柯恩之上，但他不敢去挑战困难，碰到问题不是想着第一时间去解决，而是逃避。这样的员工即便是想提升，那也是很困难的。”

勇于挑战是事业成功的基础。西方有句名言：“一个人的思想决定一个人的命运。”不敢向高难度的工作挑战，是在给自己的潜能画地为牢，最终使自己无限的潜能化为有限的成就。荷兰壳牌石油公司人事部经理舒曼德·尤里在描述他心目中的优秀员工时说："我们所急需的人才，不是那些有多么高贵的血统或者多么高学历的人，而是那些有着钢铁般坚定意志，勇于向工作中的'不可能'挑战的人。"

勇于挑战是一个人获得成功的基础。在职场打拼，不能只贪图安逸享受。慵懒自私的人，永远也享受不到成功的乐趣。只有努力创造，全力拼搏，不断超越，才能在激烈的职场竞争中占有自己的位置，使生命与命运碰撞发出耀眼的火花。

罗森塔尔效应：每天暗示自己"我能行"

1968年，美国心理学家罗伯特·罗森塔尔和伊迪丝·雅各布森来到一所小学，从1~6年级中各选出三个班，对这18个班的学生进行了一次预测儿童发展可能性的"发展测验"。他们指出一些学生在学业上很有潜力，将来有望成才，并以名单的形式通知有关老师。8个月后，他们又来到这所学校进行复试，结果名单上的学生成绩有了显著进步。

实际上，这是心理学家进行的一次期望心理实验。他们提供的名单纯粹是随便抽取的。当教师拿到名单后，认为名单上的学生有发展前途，便在教学中对这些学生倾注了超乎寻常的关心与爱护，因此对学生产生了激励作用，并收到了明显效果。这个令人赞叹不已的实验结果，后来被誉为"罗森塔尔效应"。

罗森塔尔效应，又被称为"皮格马利翁效应"，或"期待效应"。这种期待，往往是通过对别人的激励和赞美表现出来的。

人们通常这样来形象地说明罗森塔尔效应：“说你行，你就行，不行也行；说你不行，你就不行，行也不行。”同样，我们也可以巧妙地利用罗森塔尔效应来激发自己的斗志和潜力，从而创造出惊人的奇迹。

在职场中，如果你要想自己变得更强大，就得自己给自己创造罗森塔尔效应，给自己打气鼓劲，每天对自己说一句“我能行”。这种对自己的期望和暗示可以转换成一种强大的内在动力，从而使自己变得无往不利。相反，如果你对自己没信心，自己给自己泄气，那么你只能惨遭失败。

美国著名的销售训练大师布莱恩·崔西最初从事销售职业时也是经历了很多坎坷的。他原来是一个工程师，薪水也很高，但是他发现朋友从事销售很赚钱，于是就改行了。然而事情并没有他想象得那么简单，在他转行的第一年就遭受了失败。布莱恩·崔西在接触第一个客户的时候就受到了排斥，致使彼此十分尴尬，他甚至想要马上离开，逃离这样的氛围。这给布莱恩·崔西的内心带来了阴影，开始害怕去见客户，总是控制不住地想要退缩，甚至根本不愿意承认自己是推销员。连自己都不能承认自己，那么别人就更不把他当回事了。

后来，布莱恩·崔西决定努力消除自己的顾虑。当他再次遇到困难想退缩的时候，他就鼓励自己：“我是最优秀的！我一定会成功。”

通过自己给自己鼓励，他再次有了追求的勇气和动力。于是他开始承认自己的身份，并且每天都带着希望，满怀信心去拜访客户，并坦诚地向客户展示其可能需要的商品。最终，他获得了巨大的成功，成了世界顶级的推销员。

这个事例说明，经常用带激励色彩的话语提醒自己，便会使积极的心态融入自己的身心，如果能长期保持，就能形成强大的心理力量，激励自己前进。

积极的自我暗示包括：

“我是负责任的！”

“我是最优秀的！”

“我一定会成功！”

“好运即将降临在我身上！”

…………

这样的言词，根据各人的实际情况和需要可以有所不同，但目的却一致，就是要提高自信，督促自己不断前进。

只要你由衷地想坚持，积极自我暗示，你就会接受这种观点，而永远充满自信。正如美国心理学家威廉斯所说：“无论什么见解、计划、目的，只要以强烈的信念和期待进行多次反复的思考，它必然会置于潜意识中，成为积极行动的源泉。”

总之，暗示的力量是非常强大的。你若始终保持积极暗示，给自己鼓励，最终你会发现，你真的会成为当初想要成为的那种人。

情绪效应：千万别被情绪所左右

“情绪效应”又称“情感效应”，是指情绪状态可以影响到别人对你的评价。尤其是在交往的过程中，如果你不能很好地控制自己的情绪，就容易让对方对你产生不良的印象。同时，这也会引起对方不良的态度反应，就会影响良好人际关系的建立。

王莉和高颖在同一家公司上班，两人虽说是同事关系，却如同闺蜜一样好。王莉的性格比较急躁，经常会因为一些小事情而和同事争吵，但是高颖生性恬淡、与世无争。一天，因为一个创意问题，王莉和高颖各持己见，发生了前所未有的争执，最终不欢而散。

回到家中王莉依然在生闷气，她想不到一向好脾气的高颖会冲自己发火，这让她感觉很没面子。吃过晚饭后，王莉照常打开电脑，刚开机就发现自己的电子邮箱内有一封未读邮件，是高颖发来的。王莉心想："在公司还没有吵够，还要发邮件来继续吵吗？"一边这样想着，一边打开了邮件。谁料在打开的那一刹那，电脑的屏幕瞬间成为一片黑色，接着一片血红扑面而来，然后散成无数小块儿……

看到这里，王莉再也忍无可忍，她认定这是高颖发给她的病毒邮件，为的就是报复她。于是她拿起桌子上的电话，拨通了高颖的号码，然后就在电话里咆哮了起来："你故意发这种邮件是吗？你太恶毒了！"

然而电话那边的高颖没有立刻回应，而是发出"咯咯"的笑声，这让王莉更为恼火，"你觉得这样捉弄我很有意思吗？我要和你绝交。"这时，那一头的高颖才开始说话："亲爱的，先不要说什么绝交的话，请你往后退两步，好吗？"王莉不知道高颖的用意何在，但还是照做了，然后她看到了不可思议的一幕，电脑上那些破碎的红块儿组成了一个"心"形，心形的里面写着"SORRY"。此刻，王莉对自己之前的行为后悔极了，她不该那样咒骂自己的朋友。这时，高颖继续说道："你什么都好，就是脾气太急了。希望你看到这个邮件后，我们还能继续做好朋友。"于是，俩人重归于好。

显然，不会控制情绪，就会影响自己与同事之间的关系。在工作中，什么样的情况都有可能发生，什么样的事情都有可能遇到，你一定要学会控制自己的情绪，以免伤害自己和得罪别人。

米开朗基罗曾说：“被约束的力才是美的。”对于情绪来说也是如此，一个人的情绪如果不能得到有效的调控，那么，人就会成为情绪的奴隶，成为情绪的牺牲品，说出一些不合时宜的话，甚至伤害别人。所以，当我们陷入消极情绪而难以自拔时，我们应有意识地用理智去控制。

某公交集团有一位出了名的售票员，大家都唤她王姐。她所服务的公交车创下了几十年没有乘客闹事、投诉的记录。当被问到工作诀窍时，王姐腼腆地笑着说：“我没有什么诀窍，就是脾气好而已。”

王姐经常向新参加工作的售票员讲述这样一个故事。在某年的十一黄金周，火车站客流量激增。每天上车的人很多，售票员都要不住地劝说：“门口的乘客请往里挪一挪！”有一次，在王姐服务的公交车，车门关上的一刹那，突然跑过来一个乘客。车门一关，那个乘客的脚就被夹在门缝里了。

王姐急忙开门，那乘客一上来就对司机火冒三丈地嚷：“你怎么开车的，人还没上完就关门，找投诉是吧？”

车里的气氛顿时紧张起来，眼看一场唇枪舌剑就要爆发。然而，王姐的举动却出乎所有人意料，她走到这位乘客身边，态度和善地道歉：“非常抱歉，由于我们的失误让您受惊了。”

那乘客还是不依不饶，不但占用了王姐的售票员专用坐，还一定要王姐在下一站带他去医院检查。面对乘客的无礼行径，王姐没有生气，依旧和颜悦色地说：“请您谅解，等我跑完这趟之后，就立马陪您去医院！”

一路上，王姐不停地询问乘客的伤势。等到站时，那位乘客有些激动地说：“其实，我的脚一点问题都没有，只是一时生气想发泄一下。你态度这么好，我就不为难你了。谢谢你的服务，再见吧。”

在与乘客的冲突中，王姐成功地控制住了自己的脾气，看似出于被动地位，其实事事主动。没有人在和气的“糖衣炮弹”公关下能够不屈服，也没有烦恼不会融化在和颜悦色中。所以，王姐正是成功地操控了自己的情绪，才操控了整个车厢的气氛。如果王姐没有和颜悦色地安抚乘客，结果可想而知，这位愤怒的乘客肯定会拨打投诉电话，王姐和司机将会因此受到处罚。

看来，学会控制自己的情绪，对于每个人而言都是相当重要的，它是我们成功的前提，更是我们身心健康的保证。做自己情绪的主人，不仅让你重新获得身心的主导权，而且你会发现，掌控自己的情绪以后，所有的难题都能够轻松驾驭了！

能否控制自己的情绪是一个人心理素质的体现。在职场中，有效地管理和调控自己的情绪，就能够改变自己的处境，逆转不如意的现实。一个明智的人如果能恰当地驾驭好他的情绪烈马，并以最佳的方式表达出来，那么他将在别人心目中留下“沉稳、可信赖”的形象。虽然他不一定因此获得重用，或者在事业上有立竿见影的效果，但总比不能控制自己情绪的人要好得多。

比伦定律：把失败看作成功的前奏

一个人成长的过程，是一个不断在失败中寻找与把握机会的过程，没有失败就无所谓成功。正如美国考皮尔公司前总裁比伦所说："若是你在一年中不曾有过失败的记载，你就未曾勇于尝试各种应该把握的机会。"这就是"比伦定律"。

在工作中，有许多人遭遇到失败便开始悲观失望，但他们却不知道自己已经具有了成功的条件。还有的人，把他们成功道路上遇到的障碍当作敌人，他们恐惧且迟疑。实际上，这些障碍物是命运带给他们的朋友和助手。要想成功，就必须越过障碍。我们的事业，只有经过不断奋斗和多次的失败，才能获得胜利。每一次失败，都能磨炼你的意志、增强你的体力、提升你的勇气、考验你的忍耐力、增加你的自信心以及培养你各方面的能力。所以，每一个障碍，都是一个考验，都会促使你成功。每一次失败和挫折，都是一次前进的机会。逃离它们，躲避它们，就会错失自己的成功之路。

失败是任何人都不愿意看到的事情，但是，在很多时候，也是难以避免的事情。出现失败后怎么办？如果你因此灰心丧气，悲观失望，则只能坐以待毙，一事无成；如果你能从失败中吸取教训，总结经验，这条路不行走那条路，这种方法不行用那种方法，你就一定能够走出失败的阴影，迈向成功。

20世纪60年代，日本"九井"公司社长到美国去做商业考察，发现美国的"超级市场"很兴旺，看到其集生活日用品于一处任人选购的销售方式与销售业绩，这位社长产生了

“在日本开这种超级市场也一定大有发展前途”的新构想。于是，他回国后立即付诸行动，在他经营信用卡的公司六七楼开办了“生活日用品超级市场”，并启动他的全部经营手段去经营它。然而开办一年多后，他不但没有赚到钱，反而亏了大本，赤字3000万日元。

面对这次失败，这位社长没有怨天尤人，而是进行了认真地反思，从而找出了失败的症结。他发现，开拓新领域必须要谨慎。第一，要懂行。他们原来经营信用卡业务，对经营生活日用品不懂行，因此就吃了大亏。第二，“追二兔者不得一兔”。他们经营生活日用品时，分出了40名年轻力壮的管理人才，使他们原来生意兴旺的信用卡业务受到损失，结果两种经营都没搞好。第三，要选择好经营地点和需求。他的超级市场卖生活日用品，开在六七楼，又没电梯。许多人不愿意为了买一两种蔬菜、鱼肉或日用品而上楼。第四，当发现有问题时，应当立刻“刹车”。该公司在六七楼，经营三个月没有生意，明知是错的决策，社长为了面子还独断专行，又在平地另开了两个“生活日用品超级市场”，结果花费越来越大，生意也不好，赤字增大。经过这一番深刻的检讨与反思，他们调整了经营部署，果断退出了他们不熟悉的生活日用品经营业，继续拓展信用卡业务，最终成为一家规模庞大的公司。

其实失败并没有什么大不了的，因为人人都可能失败。重要的是，要让失败变得有意义，要总结教训，从头再来，你总会有成功的那一天。如果你只是一味地自怨自艾，却不去找失败的原因，那么你失败再多次也成功不了，你只会永远困于情绪的牢笼中。

听过这样一段话："失败应成为我们的老师，而不是掘墓人；失败是暂时耽误，而不是一败涂地；失败是暂时走了弯路，而不是走进死胡同。"如果你能这样看待失败，你就能轻装前进，最终战胜失败，获得成功。

理财经理杰克一再地给客户提供错误的建议，给客户造成了不小的损失。虽然客户对此没有过多的抱怨，但杰克很自责，几次下来，杰克变得十分沮丧，甚至怀疑起自己的理财能力，最后还换了职业。

杰克一直都活在懊恼和自责中。后来他的朋友、同事，还有客户告诉他，其实他的决策并没有不合理，从当时的环境来看，他提出的建议是很合乎实际的，是在慎重考虑后提出来的，并且他的业绩一直都不错，应该引以为傲。虽然大家都好言相劝，但杰克还是不能原谅自己，他把自己封闭起来，听不进任何道理。

后来，一位心理专家告诉杰克："我们很容易看清楚过去犯的错误，却没有办法预知未来的事情。一切都可以重新开始，没有什么大不了的。"

在心理专家的开导下，杰克终于原谅了自己，重新回到原行业。恢复自信后的杰克，在事业上越做越顺手。

不要一遇到失败就惊慌或沮丧。失败也许正是你走向成功的机会。每经历一次失败，你就排除了一个错误，因而也就更接近成功。

其实，失败就像是一所学校，这所学校不仅能教会你持有何种心态去看待失败，更主要的是它能时时刻刻提醒你怎样面对失败。那些被认为"失败"的事，并不是永远的失败，只不过是

"暂时性的挫折"而已。这种失败可以看作一种幸福，是生活赐予我们的最伟大的"礼物"，因为失败迫使我们振作起来，调整努力的方向，使我们最终向着全新的、更美好的方向前进。看起来像是"失败"的事，其实却是一只看不见的手，阻挡了错误的路线，并促使我们改变方向，向着胜利的方向走去。

如果人们把每一次的失败都理解为一种"暂时性的挫折"，并引以为戒的话，这些失败就不会在我们的意识中成为永远的失败。事实上，每一次"暂时性的挫折"中都存在着一个持久性的大教训，我们能够从中汲取极为宝贵的知识。一般情况下，这种知识只有失败才能让我们体会到。所有真正的智慧，往往源于失败的教训。

失败是一种动力，能催人自强，使人上进，激发人的斗志等。失败是成功之母，每遇到一次失败，都能迫使失败者重新选择前进的道路。失败一回就意味着离成功更近了一步，失败是强者的起点，弱者的终点，所以我们要坦然面对失败。

失败本身并不可怕，可怕的是失败之后丧失了继续奋斗下去的决心和勇气。所有胜利者，必定是经过千难万阻和艰苦努力才最终成功的。面对失败，如果能不气馁，继续奋斗，最终必能感受到胜利的欢乐。所以，在哪里跌倒，就在哪里爬起来，只有这样，才能使自己的人生更加精彩，才能让自己的一生无怨无悔！

第三章

对待工作：成就人生事业的心理学法则

帕累托定律：用 80% 的时间做 20% 的重要工作

1897年，意大利经济学者帕累托偶然注意到19世纪英国人的财富和收益模式。在调查取样中，他发现大部分的财富流向了少数人手里。同时，他还从早期的资料中发现，在其他的国家都有这种微妙情况一再出现，而且在数学上呈现出一种稳定的关系。于是，帕累托从大量具体的事实中归纳出一个简单而让人觉得不可思议的结论：80%的社会财富集中在20%的人手里，而80%的人只拥有社会财富的20%，即财富在人口中的分配是不平衡的。后来，这一发现就演变成为“二八法则”，又称为“帕累托定律”，被广泛地认知和应用到商务活动之中。

很明显，二八法则向人们揭示了这样一个真理，即投入与产出、努力与收获、原因和结果之间，普遍存在着不平衡关系。小部分的努力，可能获得大部分的收获。起关键作用的小部分成员，通常就能主宰整个集体的产出、盈亏和成败。这一法则同样适用于职场。

在职场中，很多人总会陷入这样的误区：认为付出的越多，得到的也越多。但事实上，只讲究付出的量是不够的，还要选择正确的努力方向，重视效率，这样才会有更多的收获。

我们每天都要面对大量复杂的工作，每个人的精力都是有限的，没有人能把所有的事都做好，做得面面俱到。要想有效地做好一件事情，做精一件事情，就要学会合理分配时间和精力，找到并充分利用对自己有利的最关键资源，有效地重点出击、重点突破。

根据二八法则，我们知道，那些能为我们带来80%收益的事情就是重要的事情；那些高投入低回报的事情就是不重要的事情。所以，要把最重要的事情放在最前面去做，少花时间去做那些不重要的事情。

华勒是某商贸公司的销售总监，经常忙得焦头烂额，似乎工作总是干不完的，要想找个时间度假更是不可能。华勒时常有这样一种感触，就是整天都忙忙碌碌，累得精疲力竭。等到下班时，他才发现自己所做的那些工作都是容易做的和无关紧要的，而那些棘手的但重要的工作往往拖了很长时间还是没有完成。

后来，一次时间管理的培训使华勒改变了习惯做法。他再也不用每周工作50~55个小时了，也不用经常将工作带回家里去做了。华勒发现，时间管理培训使自己的工作效率有了前所未有的提高。现在，他可以用更少的时间完成更多的工作。

华勒所采用的方法就是制订每天的工作计划。现在他根据各种事情的重要性来安排工作顺序，首先完成最重要的，然后再去做次要的。这种做法的好处是使他更加明确各项工作的目标。过去华勒从未写出要做的事情并将它们排出顺序，而现在华勒会将需要做的工作列出一个清单：把应该由别人办的事情交给别人办，自己则集中精力处理那些必须亲自做的事情。

过去，华勒往往将那些重要的且棘手的工作挪到有空的时候再去做，结果大量次要的工作占用了他几乎全部的工作时间。现在华勒将次要的工作移到最后处理，即使没有处理完他也不用太担忧，因为那些事情无关紧要。现在华勒对自己感到很满意，他能够按时下班而不会因为重要工作没做而感到不安。

古人云："事有先后，用有缓急。"任何事情都有轻重缓急之分。请把自己认为最重要的事情列出来，并把它摆在第一位，养成这样一个好习惯，你就不会因为一些不重要的事情耽误精力和时间。对于成大事者而言，永远先做最重要的事情，是他们成功的最大秘诀！

法国哲学家布莱斯·巴斯卡说："把什么放在第一位，是人们最难懂得的。"很多人每天忙于日常事务中，就是不出成绩，问题在于没有找到工作重点，将时间花费在非关键任务上，势必导致工作效率低下，并影响最终的工作绩效。所以你要懂得合理分配时间和精力，找到并充分利用对自己有利的最关键的资源。只有这样，才能四两拨千斤，取得好的成效。

分清事情的轻重缓急是提高效率的有效做法，是成功人士的必然选择。只有凡事分清主次，才能把有限的时间用在最重要的事情上，才能用最少的时间和精力求得更大的回报。"把最重要的事情放在最前面去做"，这不仅是二八法则给职场人士的启示，更是让你在忙碌工作中保持有条不紊的最佳方法。

不值得定律：不值得做的事情就不要去做

不值得定律是人们普遍存在的一种心理现象。其最为直接的表达方式就是，不值得做的事情，不值得做好。也就是说，如果自己一个人从主观上认定某件事不值得去做，做这件事时，就很难调动其热情，往往会采取敷衍了事的态度。即便无意中将这件事做成功了，也不会有成就感。这就是心理学上的“不值得定律”。

在职场中，不值得定律可以用一句话简明扼要地进行概括，那就是“观念决定成败”。不值得定律强调一项工作能够高效完成的关键，不在于工作本身，而在于一个人对于该项工作的态度。只有在一个人的观念里是值得去完成的工作，那么他才会以积极的态度投入其中。如果一个人在头脑中对这项工作建立了“不值得”的观念，那么无论这项工作对企业的影响有多大，他都会持消极态度，工作完成的好坏程度也就可想而知。

美国著名的电视新闻节目主持人沃尔特·克朗凯特，很小的时候就对新闻感兴趣，14岁时，他还成了校报《校园新闻》的小记者。每周学校会请休斯顿一家日报社的新闻编辑弗雷德·伯尼先生来给小记者们讲授新闻课程，并指导校报的编辑工作。有一次，克朗凯特被安排写一篇关于学校田径教练卡普·哈丁的文章。可是，那天正是克朗凯特一个好朋友的生日，他必须去参加朋友的生日聚会，只好胡乱对付了一篇稿子交了上去。第二天，克朗凯特被伯尼先生叫到办公室。伯尼先生很生气地说：“克朗凯特，你的文章糟糕极了，根本就不像一篇采访稿件，该问的没问，该写的没写，你甚至连被采访者是干什么的都没弄清。克朗凯特，你应该记住，如果有什么事情值得去做，就得把它做好。”

如果有什么事情值得去做，就得把它做好——这句话成了克朗凯特的座右铭，一直鞭策了他70多年。正是因为这句话，克朗凯特才能做到对新闻事业始终热爱。

这个故事告诉我们，只有明确哪些事情是值得去做的，才能把它做好。人们在做每件事情之前，一般会给自己找一个理由，如果能找出一个理由来说服自己的话，那么事情进展起来就会相对顺利一些。

总结一下，值得做的工作必须满足的条件：符合我们的价值观，适合我们的个性与气质，并能让我们看到期望。如果你的工作不具备这三个因素，你就应该考虑换一个更合适的工作，并努力做好它。因此，每个人都应该在多种可供选择的奋斗目标及价值观中挑选一种，然后为之奋斗。选择自己所爱的，然后爱自己所选择的，才可能激发我们的斗志，也可以心甘情愿地为之奋斗。

小张是计算机专业的研究生，毕业后去了一家小型软件公司工作。工作没多久，他就凭借扎实的专业知识和出色的工作能力，为公司开发出了一套游戏软件，得到了公司同事的称赞和领导的充分肯定。工作了半年后，小张就被提升为开发部经理。他不但对技术精通，还体恤下属，是一个让员工信任和尊敬的领导，开发部在他的指导下取得了骄人的业绩。公司老板认为小张是个难得的人才，再次给他升职，让他负责全公司的管理工作。接到升职通知后，小张并不是十分高兴，因为他很清楚地知道自己的特长是技术，而不是管理公司，如果接受了公司的调遣，不但不能发挥自己的特长，还会使自己的专业技能荒废，还有一点就是小张自己并不喜欢做管理。但是，碍于老板的面子，小张还是接受了这份对于他来说不值得做的事。

接下来的一个月时间里，小张虽然尽了最大努力，结果仍无法让人满意，上司对他很失望，开始对他施加压力。现在的小张工作压力很大，对工作毫无乐趣，还越来越讨厌自己的工作，甚至想到了辞职。

这个事例告诉我们，不喜欢或不值得去做的事，总会做不好。倘若你正在做一份自认为很不值得的事情，那么你最理性的选择就是放弃，然后重新选择一份符合自己的价值观、人生观的事情。否则，只能是对生命的浪费。

曾有一个觉醒的人在离开待遇不菲的公司时写下了这样一段话："是时候了，该离开了，离开这个不能再带给我振奋和新知的地方。我不后悔，但我真的惋惜。在那对于我来说比金钱不知要珍贵多少倍的时间里，我做了自认为不值得做的事情。我不想让自己的人生越来越狭隘，也不想继续花时间和心力在不值得的事情上。离开不是因为软弱，不是因为没人认同，只是我要追求自己人生的价值，追寻值得自己去做的一切。"

多么发人深省的一段话，它警示我们时刻都要清醒地认识到自己想要的到底是什么，什么才是值得自己做的事情。我们要选择值得自己做的事情，然后一如既往地坚持下去，而非在自己认为不值得做的事情上浪费精力和时间。

不值得定律让我们明白：智者，会理性地对待心里的那把尺子，在众多选择中，认清哪些事情是最重要的，然后竭尽全力，把这些值得做的事情做好；反之，那些没有意义、不值得做的事情，干脆就不去做。

安泰效应：高效率离不开团队协作

安泰效应源自古希腊的一个神话故事。

安泰是有名的大力神，他力大无穷，战无不胜。但他有一个致命的弱点，那就是他一旦离开大地，离开母亲大地之神盖娅的滋养，就失去了一切力量。有一天，他的对手发现了这个秘密，就误导他离开地面，在空中杀死了安泰。

后来，人们把一旦脱离相应条件就失去某种能力的现象称为“安泰效应”。它给我们这样一个启示：人不能失去力量的源泉，不能失去赖以生存和发展的必要环境。同样，在职场中，任何人都不能脱离团队跟对手单打独斗，只有看到团队其他成员的价值，懂得依靠团队的强大力量，个人才能在职场立足。

面对社会分工的日益细化、技术及管理的日益复杂，个人的力量和智慧显得单薄无力，即使是天才，也需要他人的帮扶，才能造就事业的辉煌。同样，很多组织之所以具有强大的执行力，其根源不在于某个成员个人能力的卓越，而在于其成员整体“团队合力”的强大。我们要想做出一番事业来，就必须把自己融入所在的团队之中，借助整个团队的力量，把自己所无法完成的棘手问题解决好。

有个年轻人，大学毕业后应聘到一家公司上班。上班的第一天，他的上司就分配给他一项任务，为一家知名企业做一个广告策划方案。

这个年轻人见是上司亲自交代的，不敢怠慢，就埋头认认真真地搞起来。他不言不语，一个人摸索了半个月，还是没有弄出一点眉目来。显然，这是一件他难以独立完成的工作。上司交给他这样一份工作的目的，是为了考查他是否有合作精神。但他不善于合作，既不请教同事和上司，也不懂得与同事合作一起研究。凭自己一个人的力量去蛮干，当然拿不出一个合格的方案来。

在工作中，同事之间往往存在着密切的关联，谁都不能单打独斗，谁也脱离不了团体。没有团队的支持，任何个人都是力有不逮的，就像“水失鱼，犹为水；鱼无水，不成鱼”的道理一样。因此，我们要学会依靠大家、依靠集体。

骆驼虽然被称为“沙漠之舟”，但一只骆驼很难只身走出辽阔的沙漠，而一支驼队却能够安全穿越沙漠的死亡地带。这是因为沙漠环境恶劣，驼队的人与骆驼之间可以互相帮持、配合，沙尘暴来时驼队会围在一起抵御风沙；而骆驼独行时，任何风险都可能将它击倒。

同样的道理，一个人要想成大事，必须学会与同事合作。这样做一方面可以弥补自己的不足；另一方面可以形成一股合力。衡量一个人的工作表现优劣，有时不能仅仅看他个人的成绩。若与同事龃龉过多，也会影响他在领导及人力眼中的印象。在一个企业中，几乎没有一份工作是一个人能独立完成的，大多数人只是负责一部分工作。只有依靠部门中全体员工的互相合作，工作才能顺利进行，我们才能成就一番事业。

美国“发现号”航天飞机在完成了第四次太空飞行使命后，女机长艾琳·柯林斯及机组人员与美国小学生举行了见面会。其中一个学生问：“你们在太空飞行中获得的最有价值的经验是什么？”

艾琳机长说：“最有价值的经验就是人与人的合作。作为机长，我对航天飞机负有许多责任，但要完成它们必须通过与机组人员的合作来实现。机组人员只有相互合作，各展所长，才能发挥出最大的作用。”

可见，要想获得成功，我们就应该学会与人合作，而不是单独行动。只有把自己融入团队和集体中，我们才能取得更大的成功。想要融入团队我们必须要有团队精神，摒弃个人主义，代之以齐心协力的合作意识，扮演好自己在团队中的角色。

在职场中，个人的发展离不开团队的发展，我们只有将个人追求与企业追求紧密结合起来，破除个人主义，适合团队的整体搭配，取长补短，形成协调一致的团队默契，才能创造出更大的价值。

总之，一个优秀团队的成就需要团队中每一个成员的努力。在一个优秀的团队中，每一个成员都是不可缺少的战斗力量。只有大家在团队共同目标及组织原则的基础上，精诚团结、相互协作、共同努力，团队的目标才有可能实现。

鸟笼逻辑：飞出鸟笼，打破思维定式

“鸟笼逻辑”源自一个心理学故事。

有两个人打赌。甲说："如果我送你一只鸟笼，而你将它挂在家中最显眼的地方，我保证你过不了多久就会去买一只鸟回来。" 乙不以为然，倔强地说："养只鸟多麻烦啊，我是不会去做这种傻事的。"

于是，甲送给乙一只精致的鸟笼。

乙一眼就看穿了甲的企图，轻笑着说："我就只当它是一件漂亮的工艺品。你别费劲了。"

但是，从此以后，只要有客人在乙家里看见那只空荡荡的美丽鸟笼，几乎都会问："你养的鸟怎么死了？"

乙只好一次又一次地解释说："我从来就没有养过鸟。"

然而，这种回答每次换来的都是客人困惑不解、难以置信的表情。无奈之下，乙只好买了一只鸟，这样总比无休止地向大家解释要省心得多。

这就是心理学上著名的"鸟笼逻辑"，也叫"鸟笼效应"。它指的是人们绝大部分的时候都会用惯性思维思考问题：如果你家里有鸟笼，你一定养过鸟；现在鸟笼空了，鸟不见了，那一定是养的鸟死了。事实上，并不一定每一个漂亮的鸟笼里都必须养上一只鸟，但可惜的是人们总是逃不出这个逻辑的局限。可见，打破惯性思维是多么重要。

有这样一个笑话：

某厂从国外引进了一台样机，在仿制生产时，有技术员发现，样机的底座上有一个螺帽，仅仅是旋在底座上，与其他部件没有任何联系。那么，这样一个螺帽起什么作用呢？该厂从领导到技术员无一能够解答。最后，领导拍板：“既然人家的样机上有这样一个螺帽，那想必就有它存在的道理，我们照葫芦画瓢就行了。”于是，该厂工人便在每台机器本来完好无缺的底座上钻一个孔，然后旋上一个螺帽。不久后，样机的生产商派技术员来进行回访，发现该厂生产的机器底座上都安了一个螺帽，忍不住放声大笑：原来样机上的那个螺帽，是因为当初生产时工人不小心钻错了一个孔，为了掩饰这个错误，才安了一个螺帽，没想到这个厂竟会如此不动脑筋地照葫芦画瓢！

其实也不是这个厂的人不动脑筋，事实上他们也就这个问题进行过多次研究，但因为他们头脑里有个固定的思维，那就是人家的东西就是完全正确的，我们只要照着做就行了。如此墨守成规，结果闹出笑话。

这个故事再一次提醒我们：阻碍我们成功的，往往不是我们未知的东西，而是我们已知的东西。如果一味地习惯固定的思维模式，只能使生活、工作成为机械化的程序。所以，一个人要进步，必须摆脱固有的思维模式，换个角度来考虑问题。

日本南极探险队第一次准备在南极过冬，便设法用运输船运汽油到越冬基地。由于准备不充分，在实际操作中他们发现输油管的长度根本不够。由于一时间找不出另外备用的管子。这下子把所有队员给难住了。

这时候，队长突然提出一个设想，他说：“我们用冰来做管子吧。”冰在南极是最常见的东西，但怎样使冰变成管状呢？很多人还是糊里糊涂的。队长又说：“我们不是有医疗用的绷带吗？就把它缠在已有的铁管上，上面淋上水让它结成冰，然后拔出铁管，不就成了冰管子了吗？然后把它们一节一节连起来，要多长就有多长。”

队长的聪明之处在于，他突破了原有的观念，在已知的东西上进行了小小的改变和处理，就制造出了新的物件。

人的思维容易受原有知识、经验的束缚，有时甚至会被知识和经验淹没。在工作中，我们要走出经验的误区，既不要把复杂的问题简单化，又不要把简单的问题人为地复杂化。遇到问题时，我们要善于开动大脑，不要陷在定式思维的泥沼中浪费时间和精力。不妨换一个角度，换一个立场来看待问题，也许你会得到意想不到的答案。正如当代著名趣味数学家马丁·加德纳所说的：“有些问题动用传统的常规方法理解确实很困难，但如果放开思路，打破常规，灵机一动，一切难题终将迎刃而解。”

布利斯定理：制订工作计划

在职场中，很多人之所以无法按时完成工作，很重要的一个原因就是因为没有养成制订计划的习惯。要知道，花足够的时间去思考和筹划，制订一份明确具体的计划，是应对所有困难的制胜法宝。正如美国行为科学家艾得·布利斯所说的：“用较多的时间为一次工作事前计划，做这项工作所用的总时间就会减少。”这就是“布利斯定理”。它告诉我们，计划的重要性。做事没有计划，行动起来就必然会是一盘散沙。只有事前拟定好了行动的计划，梳理通畅了做事的步骤，做起事来才会应付自如。

《礼记·中庸》中讲："凡事欲则立，不欲则废。"计划是实现目标的必要手段。所谓"一等人计划明天的事，二等人处理现在的事，三等人解决昨天的事"，养成事前计划的习惯，几乎是所有成功人士的共同特征。

在职场中有这样一句至理名言："在计划上多花一分钟，执行时便可节省十分钟。"这句话适用于每个人，事前制订良好的计划，加上养成按照计划执行的自律习惯，通常可以在最短的时间内完成目标，因此可以说计划是实现目标最重要的工具。

一位成功人士曾这样介绍他的经验："你应该在每天开始工作之前，制订一个计划，这样仅需20分钟就能实现几个小时的高效工作流程。有无计划性是衡量一个人工作有无效率的重要标准之一。"工作计划好比一张交通路线图，它能使工作和项目以最简洁有效的方式完成。

王芳是某公司老板的助理，她总是向朋友抱怨工作时间长，薪水太少。有一天，她又向朋友抱怨工作太辛苦，朋友问了她的日常工作情况后，终于明白了问题所在：原来，王芳每天把全部工作时间都用来处理那些日常任务，也就是上班第一天时老板交给她的工作，如接打电话、收发传真、整理文件、领客人参观、回答客人问题、管理办公用品等。这些常规工作几乎占据了她所有的精力，使她根本没有时间来完成更多的工作。

朋友建议王芳，给每天的工作制订一个计划，列个时间表，一步一步地去完成工作。实行了一段时间后，王芳很快从工作中发现了乐趣，工作也做得非常好，得到了老板的表扬和认可。

成功的人，大都能非常有效地利用时间、金钱和精力，并尽可能合理地支配它们。他们之所以能够做到事半功倍，是因为他们总是为自己做好了计划。因此，能不能把一件事情办成功，一个很重要的因素就是看你有没有科学的计划和方案。科学的计划和方案就像是火车的轨道，有了轨道，火车就能够安全顺利地前进；没有轨道，火车将寸步难行。

戴尔·卡耐基曾说："没有计划的行动是所有失败的罪魁祸首。"没有计划和条理的人，无论从事哪一行都不可能取得成绩。要知道，无论多么恢宏的理想，也是一个个小目标的合集。就像打仗一样，无论你的战略构想有多么宏大，都要先去计划好一城一地的得失。每个人在为理想奋斗的过程中要实现目标，都必须制订切实可行的计划。只有做好规划，心中有蓝图，才能够临阵不乱，稳扎稳打地获得成功。

计划是解决问题的方针和策略。只有行动方针确定了，才能采取行动。这种行动方针是经过思考得来的，而不是靠那种本能冲动想到的。做事之前有计划是为了寻找合适的方案。本能冲动型的人总是只想到当前行动，只考虑解决摆在面上的问题，对后续行动和影响却不考虑。而只有在仔细考虑对策后，我们才有可能既把问题解决，又避免出现副作用。这样才能使问题得到圆满的解决。

中国古代有句俗话："磨刀不误砍柴工。"先把刀磨快了，看起来耽误了工夫，但是在砍的时候由于刀口锋利，效率高，反而节省了工夫。出门开车也是同样的道理，事先把地图看好了，顺着标志一路开去，就可以不绕弯路，节省时间。如果慌忙上路，看起来节省了看地图的时间，但是一旦走错了路，可能就会浪费比看地图长很多倍的时间。因此，无论做什么，我们事先都要有周密的计划、明确的目标，才能把事情办好。

蝴蝶效应：小疏忽的积累可能引发大灾难

1979年12月，气象学家洛伦兹在华盛顿的美国科学促进会的一次讲演中提出：一只蝴蝶在巴西扇动翅膀，有可能会在美国的得克萨斯州引起一场龙卷风。其原因在于蝴蝶翅膀的运动，导致其身边的空气系统发生变化，并引起微弱气流的产生，而微弱气流的产生又会引起它四周空气或其他系统产生相应的变化，由此引起连锁反应，最终导致其他系统的极大变化。此效应说明，事物发展的结果，对初始条件具有极为敏感的依赖性，初始条件的极小偏差，将会引起结果的极大差异。由于洛伦兹的演讲和结论给人们留下了极其深刻的印象，从此以后，所谓“蝴蝶效应”之说就不胫而走，广为流传。

蝴蝶效应之所以令人着迷、让人激动、发人深省，不仅在于其大胆的想象力和迷人的美学色彩，更在于其深刻的科学内涵和内在的哲学魅力。一件很小的事情和一件很大的事情看似完全不相关，却有着紧密的联系。在职场中，如果不懂得蝴蝶效应，你就可能让成功尽毁在小事中。

泰国某地用于出口的冻虾仁被欧洲一些商家退了货，并且要求索赔。原因是欧洲当地检验部门从1000吨出口冻虾中查出了0.2克氯霉素。经过自查，问题出在加工环节上。原来，剥虾仁要靠手工，一个员工因为手痒难耐，便用含氯霉素的消毒水止痒，结果将氯霉素带入了冻虾仁。0.2克和1000吨比起来可以说是微乎其微，但严谨的商家们就是不允许有丝毫的失误。正是因为这名员工做错了一件小事情，结果导致1000吨出口冻虾全部被退货，他们公司也因此而承受了巨大的损失。类似这样的例子数不胜数。

“哥伦比亚”号航天飞机是美国最老的航天飞机之一。2003年2月1日，“哥伦比亚”号航天飞机在进行了它的第28次飞行后，遗憾的是在返回的途中发生爆炸，飞机上的7名宇航员全部遇难。事后的调查结果表明，造成这一灾难的罪魁祸首竟是一块脱落的隔热瓦。“哥伦比亚”号表面覆盖着2万余块隔热瓦，能抵御3000摄氏度的高温，以免航天飞机返回大气层时外壳被高温所熔化。当初执行此次任务时，“哥伦比亚”号航天飞机升空80秒后，一块从燃料箱上脱落的碎片击中了飞机左翼前部的隔热系统。高速照相机记录下这一过程。虽然航空航天局的工程技术人员曾经花了几天的时间对这一事件进行过分析，但他们最后得出的结论是“不碍事”。直到事故发生以后，他们才承认自己判断错了，起飞时隔热瓦的脱落可能是事故发生的主要原因。一块隔热瓦的脱落看似是一件小事，却造成了巨大损失。

在这个高度专业化、精细化的时代，工作中任何一个环节出了差错，都会事关大局。正所谓：“牵一发而动全身。”每一件细小的事情、每一个看似不起眼的细节所产生的后果都会被不断扩大，到最后，它们早已不再是微不足道的小事情了。所以说，工作无小事，细节是关键。

“小事”往往牵连大事，关系全局。在日常工作中，有些问题常常是因事“小”而被人忽视，掉以轻心；因其“细”，也常常使人感到烦琐，不屑一顾。但就是这些小事和细节，往往是工作进展的关键和突破口，是关系成败的“双刃剑”。所以，每一件看起来似乎微不足道的事，我们都不能忽略，都需要全力以赴地去对待，这不仅是工作的原则，也是人生的原则。

大学毕业后，小张到一家私营企业从事外贸工作，他热情地从一点一滴的小事做起。复印、收发传真、接打电话等，对这些很琐碎的事情，他从来都不嫌麻烦。有不懂的地方，他总是及时向别人请教。

公司的王经理是搞贸易的行家，所有的股东都视他为公司的中流砥柱。有一天下午，王经理吩咐小张去银行汇一笔钱给一个客户，小张接到任务后马上带着相关材料到银行，赶在下班之前将这笔钱汇给了客户。当时他认真检查了金额、日期、发票、合同，确信没有问题之后交付给银行。银行工作人员审核后，依照程序办理汇款。

没想到第二天中午，小张就被王经理叫到办公室。王经理的脸色很难看，第一句话就问小张：“你给客户付款的账号写的是多少？”小张马上意识到账号有可能出了问题，仔细对比后，他发现因为账号是客户方面通过短信发给自己的，最后一个数字正好换行，他没有把短信继续翻下去，故而漏掉了最后一个数字。

后来，公司通过多方面和银行沟通，才把这笔钱汇到了客户的账号上。但是，由于资金没有及时到账，导致客户那边不能按时发货，损害了公司的信誉，也造成了很大的经济损失。

这起案例就是忽视小事和细节造成的严重后果。可见，无论做哪种工作，不注重细节，忽视小事，都可能酿成大错，给公司及个人带来负面的影响，甚至造成损失。

小事成就大事，细节成就完美。有时，看似无关紧要的小事却往往关系到一件事情的成败，关系到个人的前途和命运。我们必须真正了解“平凡”中蕴藏的深刻内涵，关注那些以往认为无关紧要的小事，并尽心尽力地认真做好它。只有真正从小事做起，从细节入手，把小事做好，把细节做得更周到细致，并注意从做事的细节中寻找机会，这样才能赢得他人的赏识和认可，从而使自己走向成功之路。

专精定律：无论做什么，都要专注于一

“专精定律”即“一学定律”，是指做事情要全神贯注，集中精力于一点。此定律后被人们总结为：如果一个人在做事情的时候能够专精在一个领域，并不断地在该领域努力、探索，那么他在这个领域将会有所发展，更易取得惊人的成绩。

鲁班之所以成为我国的土木工匠祖师，为世人所敬仰，就是用毕生精力倾注于某一方面的研究。工匠出身的鲁班，对如何提高劳动效率和工艺水平十分专注，喜欢小发明、小创造，正是因为这种专注，他的发明创造很多，包括曲尺、墨斗、刨子、钻子、凿子、铲子等。这些发明大大提高了工

匠们的劳动效率和工艺水平。

一个人的专注度往往决定着他与成功的距离：专注度越高，他获得成功的概率就越大；反之，则越小。这个道理也同样适用于人们对待工作的态度。专注意味着投入，意味着沉浸其中，相信一个整日浮躁的人是不可能取得好的工作成绩的，更不要说达到成功了。

用心不专是一个人生活和工作中的大忌，一事无成是用心不专的恶果。职场上的许多失败者，并不是因为他们没有才干，而是他们不肯集中精力专注地去做最应该做的工作，他们过于分散自己的精力，而且从未觉悟这样做有什么不妥。

心理学教授辛迪·勒斯蒂格通过实验发现，同时做很多事，并且做成功，几乎是不可能的，不断地转换任务会使效率降低将近四成。著名的效率提升大师博恩·崔西有一个著名的论断："一次做一件事的人比同时涉猎多个领域的人要容易成功得多。"富兰克林将自己一生的成就归功于"在一定时期内不遗余力地做一件事"这一信条的实践。一次只做一件事，就是专心致志，全神贯注，不受任何内心欲望和外界诱惑的干扰，对既定的方向和目标不离不弃、执着如一、不懈努力。

专注是百度创始人李彦宏身上的一种成功特质。1987年，李彦宏考上了北京大学图书情报专业。大三时，他开始思索自己将来的人生路。毕业进入机关单位，并不是李彦宏愿意走的路，于是他决定出国。"我是一个非常专注的人，一旦认定方向就不会改变，直到把它做好。"从大三开始，李彦宏心无旁骛地买来托福等相关书籍狂啃一番，过着"教室——图书馆——宿舍”三点一线的生活，他的目标是留学美国，方向锁定在计算机专业。毕业的那年，他果然实现了自己的目标。

李彦宏专注的特质在创业中也有充分的体现。自创立百度起，他就一直将创业的准星紧紧锁定在中文搜索引擎上。之所以有这个选择，与他在北京大学图书情报学专业求学的背景，以及与他后来在美国读的计算机检索专业和为一家报纸做信息搜索的经历有关。专业知识的素养和相关工作的经验，都让李彦宏坚信互联网搜索将是非常有前景的商业模式。

直到百度在美国的纳斯达克成功上市，李彦宏在回忆创业的艰难历程时，仍用“专注”一词来解释为何没有放弃中文搜索。他说：“诱惑太多，转型做短信、网络游戏、广告的，都马上赢利了，我们选择了一条长征的路线，而且五年来一直没有变。”

由此可见，我们只有专注于一个目标，全身心地投入去做，才会心想事成。细想下来，古今中外凡有成就的科学家、画家、音乐家等，莫不是将全身心投入所热爱的一件事中，几十年如一日，持之以恒，不断探索追寻事业的极致，不断完善充实自己的理想，最终在自己的领域颇有建树，享誉天下。

对于任何人来说，有一个专注的心态都很重要。“专注”可以让人们将所有的精力和资源都凝聚在一个点上。无数事实表明，一个人在有限的时间里，能够专注于一个目标，比频频更换目标、打一枪换一个地方更容易做出成绩。《南村辍耕录》中写道：“一事精致，便能动人，亦其专心致志而然。”意思是说，我们把一件事做精致了，便能打动人心，也是依靠专心致志才做到的。一生做好一件事情，并不是简单地将事情做完就算完成任务，而是要将这件事情做好、做到极致、做到完美。为了做到这一点，必须舍弃那些与自己目标无关的东西，放弃多余的愿望，专心追寻自己选定的目标，用一生的时间来实现这个目标。只有守住自己目标的人，才能够活得有意义。

一位企业家说过："你一旦看准这个地方有水，就不断地挖，碰到树根你就挖树根，碰到石头你就挖掉石头，十年如一日挖下去就可能有看到水的一天，如果你东挖一个坑，西挖一个坑，花了十年挖了十个坑，那永远也看不见水的到来。"许多人穷其一生努力拼搏，最后却没有获得成功，也许原因很多，但最重要的是他们没有成功者那么专一。世上的许多成功者之所以取得成功，并不是他们多么优秀、多么聪明，而是因为他们能够将自己所有的一切都用到做一件事情上，一生做好一件事情是他们获取成功的方法。他们坚信：只有将自己的力量集中到一个目标上，持之以恒地不断努力，才能够取得成功。

法国作家莫泊桑，很小便表现出了出众的聪明才智。一天，莫泊桑跟舅父去拜访他的好友——著名作家福楼拜。舅父想推荐福楼拜做莫泊桑的文学导师。可是，莫泊桑却骄傲地问福楼拜究竟会些什么，福楼拜反问莫泊桑会些什么，莫泊桑得意地说："我什么都会，只要你知道的，我就会。"

福楼拜不慌不忙地说："那好，你就先跟我说说你每天的学习情况吧。"莫泊桑自信地说："我上午用两个小时来读书写作，用另两个小时来弹钢琴；下午则用一个小时向邻居学习修理汽车，用三个小时来练习踢足球；晚上，我会去烧烤店学习怎样制作烧鹅；星期天则去乡下种菜。”说完后，莫泊桑得意地反问道：“福楼拜先生，您每天的工作情况又是怎样的呢？”

福楼拜笑了笑说：“我每天上午用四个小时来读书写作，下午用四个小时来读书写作，晚上，我还会用四个小时来读书写作。”莫泊桑不解地问：“难道您就不会别的了吗？”福楼拜没有回答，而是接着问：“你究竟有什么特长，比如有哪样事情你做得特别好的？”这下，莫泊桑答不上来了。于是他便问福楼拜：“那么，您的特长又是什么呢？”福楼拜说：“写作。”

原来，特长便是专心地做一件事情。

莫泊桑下决心拜福楼为文学导师，一心一意地读书写作，最终取得了丰硕的成果。

这个事例告诉我们，所有成大事的人，往往把某种明确的目标当成他们努力奋斗的主要推动力。一生只做一件事，我们没有什么干不成的。也就是说，我们每次只专注于一个目标，直至成功，就会有很多很多的收获。

一个人的职业生涯和经历十分有限，利用这有限的精力，在有限的时间里专注地做好一件事，就很有可能从众人中脱颖而出。

的确，一个人一生只有短短的几十年，在这几十年中用心、专心做好一件事，就一定会成为大赢家。十年坚持做一件事，你可能会成为一个专业的行家；二十年做好一件事，你就可能会是这个行业的专家；一辈子做一件事，你已经是一个值得所有人都尊敬的了不起的人了。

奥卡姆剃刀定律：把复杂的事情简单化

“奥卡姆剃刀定律”，是由14世纪英格兰的逻辑学家奥卡姆的威廉提出。这个定律为“如无必要，勿增实体”，即“简单有效原理”。

在职场中，奥卡姆剃刀定律可进一步深化为简单与复杂定律：“把事情变复杂很简单，把事情变简单很复杂。”这个定律要求我们在处理事情时，要把握事情的实质，解决最根本的问题，尤其要顺其自然，不要把事情人为地复杂化，只有这样才能把事情处理好。

为什么要将复杂变简单呢？因为复杂容易使人迷失，只有简单化后才利于人们理解和操作。老子说：“大道至简”，最深奥的道理都是最简明的。工作也是如此。为了提高工作效率，我们要倡导的就是把工作简单化，简单就是效率。用简单对付复杂和烦琐，这是最有效的处理方式。

博恩·崔西是美国著名的激励和营销大师，他曾与一家大型公司合作过。该公司设定了一个目标：在推出新产品的第一年里实现100万件的销售量。该公司最优秀的营销精英们开了8个小时的群策会后，得出了几十种不同方案来实现100万件销售量，每一种方案的复杂程度都不同。这时，博恩·崔西建议他们在这个问题上应用奥卡姆剃刀原理。

他说：“为什么你们只想着通过这么多不同的渠道，向这么多不同的客户销售数目不等的新产品，却不选择通过一次交易向一家大公司或买主销售100万件新产品呢？”

当时整个房间内鸦雀无声，有些人看博恩·崔西的表情就像在看一个疯子。突然有一名管理人员开口说话了：“我知道一家公司，这种产品可以成为他们送给客户的非常好的礼物或奖励，而他们有几百万客户。”

最后，根据这一想法，他们得到了一笔100万件产品的订单。他们的目标实现了。

这个事例告诉我们，只有将繁复的工作简化，从复杂的工作表象中走出来，才能更快速地解决问题。

化繁为简是一种重要的能力。在职场中，我们经常看到有的人善于把复杂的事物简明化，办事又快又好，效率高；而有的人却把简单的事情复杂化，迷惑于复杂纷繁的表象，使复杂的事物更显复杂，结果只能陷入其中走不出来，工作忙乱被动，办事效率极低。这两种类型的人，其工作效率高低不同，原因在于会不会运用化繁为简的工作方法和艺术。

“复杂”与“简单”是两个相对的哲学概念。认识这两个概念，应该具有辩证思维。复杂问题解决起来未必就困难，简单问题解决起来也不一定就容易。因此，面对问题，我们应该善于运用简单性思维，学会复杂问题简单操作。这种“简单”，并非把问题简单化，而是揭开问题复杂性的外衣，或由繁入简，或删繁就简，直击问题的本质。

当年，迪斯尼乐园经过三年施工，即将开放，可路径设计仍无完美方案。一次，总设计师格罗培斯驱车经过法国一个葡萄产区，一路上看到不少园主在路旁卖葡萄少人问津，山谷前的一个葡萄园却顾客盈门。原来，那是一个无人看管的葡萄园，顾客只要向园主老太付5法郎，就可随意采摘一篮葡萄。该园主让人自由选择的方法，赢得了众多顾客的青睐。

格罗培斯深受启发，他让人在迪斯尼乐园撒下草种，不久，整个乐园的空地就被青草覆盖。在迪斯尼乐园提前开放的半年里，人们将草地踩出许多小径，这些小径优雅而自然。后来，格罗培斯让人按这些踩出的路径铺设了人行道。结果，迪斯尼乐园的路径设计被评为世界最佳设计。

我们在做任何事情的时候，千万不要把事情过于复杂化，简单的时候就是简单，太多的顾虑反而会让我们走弯路，事情的结果也会和我们期望的相反。

很多时候，工作问题本来很简单，只是被人为地复杂化了，使其费时费力，又浪费成本。我们强调“把工作简单化”，实际上是提倡一种讲实际、求实效的作风，是推广一种事半功倍的工作方法，它能以最小的代价求得最大最好的效果。

在当今快速紧凑的工作节奏中，化繁为简是最好的工作原则。因为复杂的东西往往是缺乏速度的，不能迅速达到目标也就没有了效率。化繁为简有利于提高工作效率，使人们从繁忙的工作中解脱出来。以简单来驾驭烦琐是一种工作境界，也是一个人工作能力的显现。

世界是复杂的，但也是简单的，只是我们常常被自己的习惯性思维禁锢，从而把简单的事情弄复杂了。在工作中，如何让复杂的事情回归于简单，根除工作的“复杂病”，是每一个人需要思考的问题。所以，无论遇到什么问题，我们一定要转变思想，拿起

“奥卡姆剃刀”，把复杂事情简单化，以选择最智慧的解决方案。

破窗理论：一事拖延，就会事事拖延

美国斯坦福大学心理学家菲利普·津巴多进行过一项试验：他找了两辆一模一样的汽车，把其中的一辆摆在治安环境相对好的社区，而另一辆停在治安环境相对杂乱的街区。停在治安环境差的街区的那一辆，他把车牌摘掉了，并且把顶棚打开。结果这辆车一天之内就给人偷走了。而放在治安环境相对好的社区的那一辆，摆了一个星期也无人问津。后来，詹巴斗用锤子把那辆车的车窗玻璃敲了个大洞。结果呢？仅仅过了几个小时，它就不见了。

以这项试验为基础，政治学家威尔逊和犯罪学家凯琳提出了一个“破窗理论”。理论认为：“如果有人打坏了一个建筑物的窗户玻璃，而这扇窗户又得不到及时的维修，别人就可能受到某些暗示性的纵容去打烂更多的窗户玻璃。久而久之，这些破窗户就给人造成一种无序的感觉。结果在这种公众麻木不仁的氛围中，犯罪就会滋生、猖獗。”

“破窗理论”强调，环境可以对一个人产生强烈的暗示性和诱导性。任何一种不良现象的存在，都会传递一种信息，导致这种不良现象无限地扩展。这种现象在职场中也是常见的。例如，当你第一次出现拖延的情况时，如果没有引起足够重视，也没有及时改正，你就会多次发生拖延的事情。而且一事拖延，也会事事拖延。

一位年轻的女士即将当妈妈了，她打算为即将出世的孩子织一身最漂亮的毛衣毛裤。她在老公的陪同下买回了一些颜色漂亮的毛线，可是她迟迟没有动手，有时想拿起那些毛线编织时，她会告诉自己："现在先看一会儿电视吧，等一会儿再织。"等到她说的"一会儿"过去之后，可能老公快要下班回家了。于是她又把这件事情拖到明天，原因是"要给老公做晚饭"……

等到孩子快要出生了，那些毛线还像新买回的那样放在柜子里。老公因为心疼老婆，所以也并不催她。后来，婆婆看到那些毛线，告诉儿媳不如自己替她织吧，可是儿媳表示一定要自己亲手织给孩子。只不过她现在又改变了主意，想等孩子生下来之后再织。她还说："如果是女孩，我就织一件漂亮的毛裙，如果是男孩就织毛衣毛裤，上面一定要有漂亮的卡通图案。"

孩子生下来了，是个漂亮的男孩。在初为人母的忙忙碌碌中，女士看着孩子一天一天地长大。很快孩子就一岁了，可是她的毛衣毛裤还没有开始织。后来，这位年轻的母亲发现，当初买的毛线已经不够给孩子织一身衣服了，于是打算只给他织一件毛衣，不过打算归打算，动手的日子却被一拖再拖。

当孩子两岁时，毛衣还没有织。

当孩子三岁时，母亲想，也许那团毛线只够给孩子织一件毛背心了，可是毛背心始终没有织成。

……

渐渐地，这位母亲已经想不起来这些毛线了。

孩子开始上小学了，一天孩子在翻找东西时，发现了这些毛线。孩子说真好看，可惜毛线被虫子蛀蚀了，便问妈妈这些毛线是干什么用的。此时妈妈才又想起自己曾经憧憬的漂亮的、带有卡通图案的毛衣。

由此可见，一旦开始遇事拖延，就很容易再次拖延，直到变成一种根深蒂固的习惯。拖延不能解决任何问题，也不能使解决问题变得容易起来；相反，拖延只会使问题复杂化，给生活和工作造成严重的危害。因为拖延，我们没解决的问题会由小变大、由简单变复杂，像滚雪球那样越滚越大，解决起来也越来越难。

那么，该如何防止这种现象的出现呢？最好的办法就是及时修好“第一扇被打碎玻璃的窗户”。因为只有在破窗没有得到及时修复的时候，破窗效应才会应验。所以，当你第一次出现拖延的情况时，就要迅速采取行动，及时纠正和改变拖延的习惯。

下面介绍几种克服拖延的技巧，希望能够对大家有所帮助。

1. 分类找原因

是什么原因使我们无法做某项工作？优柔寡断？害羞？无聊？无知？散漫？恐惧？疲倦？无法忍受不愉快？缺乏必备的工具？我们要一字一句具体指出拖延某事的原因，区分类别。如果正确地认清问题，则解决方法就会变得相当明确。如信息不足，我们可以去寻找必需的资料。

2. 树立目标

我们要学会将工作目标融入自己的人生设计轨道中，比如，如果希望自己今年在哪些方面有所突破，那就遵循这一目标，一步一个脚印地前进。同时，我们还要时刻监督自己对目标的完成情况，将一些自己无法把控的大目标主动分解成一个个可以把控的小目标，并从个人思想方面做相应的调整，从而获取完成目标的动力。

3. 设定专注时间

当我们在工作中出现拖延迹象时，我们不妨给自己设定一个专注时间，并开始倒计时。这样，我们在心理上就会产生紧迫感，从而促使我们更加集中注意力完成任务。例如，设定20分钟为一个工作的专注时间段。在这20分钟内，必须专注于眼前的工作，不受任何干扰，直到20分钟的闹铃响起。当我们在工作时间段内被干扰或无法继续下去时，我们可以看一下工作时间段的剩余时间，然后暗示自己再坚持几分钟就结束了，从而锻炼自控能力，不让自己拖延。

4. 用好习惯来取代拖沓的坏习惯

许多人的拖沓已经成了习惯。对于这些人，要完成一项任务的一切理由都不足以使他们放弃这个消极的工作模式。如果你有这个毛病，你就要重新训练自己，用好习惯来取代拖沓的坏习惯。每当你发现自己又有拖沓的倾向时，你可以静下心来想一想以确定你的行动方向，然后再给自己提一个问题："我最快能在什么时候完成这个任务？"你要定出一个最后期限，然后努力遵守。渐渐地，你的工作模式会发生变化。

破窗理论告诉我们，任何一种不良现象的存在，都在传递着一种信息，这种信息会导致不良现象的无限扩展，我们必须高度警觉那些看起来是偶然的、个别的、轻微的过失。如果对这种行为不闻不问、熟视无睹、反应迟钝或纠正不力，自己就会去打烂更多的"窗户玻璃"。所以我们每个人都不能纵容自己，纵容自己就是给自己犯更多错误的机会。

第四章

对待客户：销售中的心理学效应

二选一法则：让客户做一道选择题

所谓“二选一法则”就是你给客户一个二选一的问题，并将希望客户选择的那个选项放在后面，让客户自主地选择合你心意的那一项。通常来说，人生来就具有一种接受最后选项的习性，采用这种巧妙的心理战术，给客户一个二选一的问题，往往可以使你在销售中掌握主动权。

有两家卖粥的小店，每天的顾客量相差不多。然而晚上结账时，左边那家小店总比右边那家多出两三百元钱，天天如此。

到底是什么原因呢？原来，顾客走进右边粥店时，服务员微笑着迎上前来，盛了一碗粥，问道：“加不加鸡蛋？”客人说加，就给客人加一个鸡蛋。每进来一个人，服务员都要问一句：“加不加鸡蛋？”有说加的，也有说不加的，数量大约各占一半。而顾客走进左边粥店，服务员也是微笑着迎上前来，上一碗粥，问：“加一个鸡蛋还是两个鸡蛋？”爱吃鸡蛋的说加两个，不爱吃的就说加一个，也有要求不加的，但是很少。一天下来，左边这个粥店就总比右边那家卖出去更多的鸡蛋。

上例中，左边店的服务员用的就是“二选一”法则。“加一个鸡蛋还是两个鸡蛋”这样的问话方式，会让顾客陷入提问者既定的前提之中，不由自主地给出选择。相比“加不加鸡蛋”的命题，前者显然更高明一些，而店家也因此分出高下。

“二选一法则”也叫“封闭式提问”，只让对方在你提供的选择中选择其一，来达到你问话的目的，同时也可以让你得到更多的客户信息。在销售中运用这种方法，最大的好处就在于能够确认对方对某一事件的态度和看法，从而帮助洽谈人员真正了解到客户的想法。

下面有几个二选一的问题：

“你比较喜欢三月一号还是三月八号交货？”

“发票要寄给你还是你的秘书？”

“你要用信用卡还是现金付账？”

“你要红色还是蓝色的汽车？”

“你要用陆运还是空运？”

可以看出，在上述问题中，无论客户选择哪个答案，销售员都可以顺利做成一笔生意。如果你用这种二选一的问题，你的客户就很难拒绝你。那些有经验的销售人员总是非常善于利用这个法则来使客户购买自己的产品，而且屡试不爽。

来看看下面这个例子：

销售员：“您喜欢三厢车的还是两厢车？”

客户：“哦，我喜欢两厢车。”

销售员：“您喜欢黑色、红色还是白色？”

客户：“我喜欢红色。”

销售员：“您需要染色玻璃的还是透明玻璃的？”

客户：“染色的好一些。”

销售员：“您是要15万元左右价位的，还是18万元左右价位的？”

客户：“15万元左右的吧！”

…………

二选一的提问方法，等于是销售员在每一个问题上面都限定了答案，客户只有两种选择。这样，随着一个又一个问题的提出，客户做了一个又一个的回答，最后选定了价格和车型。一般来说，让客户做出购买决定是不容易的，如果你直接问客户："这辆车价值15万元，您觉得怎么样？"面对这样的问题，客户总是会犹豫很久，无法做出决定。如果销售员采取上面的二选一方式进行询问，交易就会变得容易得多。

这种提问方式，既可以把购买的选择权交给客户，又不会给客户造成强迫感，减轻客户做出购买决策的压力。而且这种问法还可以减少客户做出不购买决定的可能性，从而增加成交的机会，所以，有经验的销售人员总是经常使用这种方法。

在销售实际中，二选一的提问方法，可以帮我们解决很多销售难题，也能用这种方法很容易地达到我们提问的目的，问出我们想要的结果。这种方式一开始就让客户踏入了购买之途，在做购买决定时，只需要销售员为其指引方向，客户就会顺着往前走，最终达成交易。

总之，销售是一种策略，好的销售人员能主导客户的思维，而二选一法则就是主导客户思维的最佳定律，只有掌握二选一法则，才能更轻松地把产品销售出去。

登门槛效应：先得寸，再进尺

1966年，美国社会心理学家弗里德曼和他的助手曾做了这样一个有趣的实验。

首先，弗里德曼派一名助手去登门拜访一组家庭主妇，声称他正在为“安全驾驶委员会”工作，希望得到主妇们对这一运动的支持，请她们帮一个小忙：在一份呼吁安全驾驶的请愿书上签名。多数主妇认为这是一件利人利己的事，加上签个名也并不麻烦，所以，她们都爽快地签了名，只有个别人拒绝了。

过了几天，弗里德曼又派这个助手去登门拜访一组家庭主妇，不过，这次他除了拜访第一次拜访过的家庭主妇之外，还拜访了一些以前从未拜访过的家庭主妇。助手这次带的是一些写着“谨慎驾驶”四个字的大招牌，他的任务是请求那些家庭主妇把这种牌子竖在她们各自的庭院里。

这些招牌看起来很笨拙，竖立在庭院里有些不协调。此次要求显然有那么一点点过分，那些被拜访的家庭主妇们究竟是会答应，还是会拒绝呢?

最终的结果是，在那些曾经同意在请愿书上签名（一个小要求）的家庭主妇中，有55%的人接受了在自己庭院里竖这种牌子的要求（一个大要求），而在那些未拜访过的家庭主妇中，只有17%的人勉强接受了该项要求。

其实，日常生活中也经常出现这种现象。在你需要别人的帮助时，如果你上来就提出较高的要求，则往往容易被拒绝；而倘若你先提出较低的要求，在较低的要求被对方接受后再去适当增加要求的分量，则成功的概率就会很高，这种现象就是心理学家定义的“登门槛效应”，也叫“得寸进尺效应”。

在销售中，正确、恰当地应用“登门槛效应”往往会让我们取得意想不到的效果。通常，向客户推销价钱较贵的大宗商品时，客户就会比较犹豫，甚至断然拒绝，这时你就可以先向客户推销一些相关的小件商品。比如你要向客户推销一整套家具，如果感觉客户会拒绝，就可以先提醒客户家的沙发或者茶几需要换了，并提出成交意愿，如果客户需要的话，就会购买，这样你就有机会再次向客户推销，并为自己的推销找到了合适的理由。你可以说“我觉得这个沙发和整体的布局不是很搭配，您可以考虑更换一套新家具，毕竟您的老家具有些不够时尚了！”这样一来，客户就有可能会购买你推销的整套家具。

一个乡下的年轻人到一家规模很大的超级商场去应聘。商场老板问他可有从商的经验，年轻人说他曾在乡下做过一段时间的推销员，商场老板不以为然，认为在乡下也推销不了什么大价值的东西，但他准备试试这个年轻人，就让他先试用一段时间。

商场快要下班前，老板到年轻人工作的地方想了解一下他这一天的工作情况。老板问道：“今天做成了几单生意？”

“一单，”年轻人回答说。

“只有一单？”老板很吃惊地说，“我们这儿的售货员一天基本上可以完成20单到30单生意呢。你卖了多少钱？”

“30万美元，”年轻人回答道。

“你怎么卖到那么多钱的？”老板目瞪口呆，半晌才回过神来问道。

“是这样的，”乡下来的年轻人说，“一个男士进来买东西，我先卖给他一个小号的鱼钩，然后是中号的鱼钩，最后是大号的鱼钩。接着，我卖给他小号的渔线，接着是中号的渔线，最后是大号的渔线。我问他上哪儿钓鱼，他说海边。我建议他买条船，所以我带他到卖船的专柜，卖给他一艘长20英尺有两个发动机的纵帆船。然后他说他的大众牌汽车可能拖不动这么大的船。于是我带他去汽车销售区，卖给他一辆丰田新款豪华型‘巡洋舰’。”

老板后退两步，几乎难以置信地问道：“一个顾客仅仅来买个鱼钩，你就能卖给他这么多东西？”

“不是的，”乡下来的年轻售货员回答道，“他是来给他妻子买卫生棉的。我就告诉他：‘你的周末算是毁了，干吗不去钓鱼呢？’”

在这个事例中，那个售货员就是利用了登门槛效应，从提出买一个鱼钩的小要求开始，逐步提出更大的要求，最终卖出了30万美元的商品。

登门槛效应在销售中运用得比较广泛。很多商家也深谙此道：在商场中，你相中了一件大衣。一看标价，800元，太贵了。你只好一步三回头、恋恋不舍地准备走开。此时精明的售货员发现了你的眼神，问：“小姐，喜欢这件衣服吗？”“喜欢是喜欢，就是有点贵。”你惋惜地说。“没关系啊，小姐身材这么好，不妨穿上试试，我们这可以免费试穿。”禁不住她的再三劝说，你还是穿上了这件衣服。衣服款式不错，而且也蛮合身的。但是想到价格，你还是打算放弃。此时售货员极力夸赞你说：“小姐皮肤多白啊、身材又好，我们这件衣服就是为小姐量身定做的。既然都穿上了，就别脱下来了，穿着走吧。”说完，将你的旧衣服迅速包好。最后，你还是咬咬牙把这件已经穿上的衣服带回了家。

在销售中，当你要向客户提出一个比较高的要求时，你不妨先提出一个较小的要求，一旦客户答应，再提出那个较高的要求，就会有更大的被接受的可能。所以，合理运用登门槛效应，很可能会给你的销售工作带来意想不到的收获。

从众心理：制造商品热销的氛围

所谓“从众心理”指的是个人受到外界人群行为的影响，而在自己的知觉、判断、认识上表现出符合于公众舆论或多数人的行为方式的心理。说得直白一些，从众心理就是别人做什么，自己自觉不自觉地跟着做什么，也就是人们常说的“随大流”。

在销售过程中，销售人员可以巧妙地利用客户的这种从众心理来营造营销氛围，影响人群中的一部分人接受产品，从而达到让整个人群都接受产品的目的。当你在向客户推销你的产品的时候，你首先告诉他，有多少人买过你的产品，这对客户的影响将会是很大的。比如有些销售人员经常会对客户说：“您的好几位同事都买了这种保险，我想您一定会和他们一样明智的！”“汪总也投了这种保险。听汪总说，他和您还是老同学呢。”“你熟悉的周太太，上星期便买了这个险种，而且一下子保了五份呢！”“如果您也能像您的朋友方先生那样接受我的保险服务，那将是我的荣幸。”这样的言辞就巧妙地利用了客户的从众心理，让客户在心理上得到了一种依靠和安全保障，从而愿意购买产品。

让我们看看从众效应在销售中的应用：

销售员：“是刘总啊，您好，您好！”

客户：“小汪啊，我上回看中的那辆奥迪，还没有谁支付订金吧？”

销售员：“哦，那辆车，客户来了都要看上几眼，好车嘛。但一般人哪买得起，这不，它还等着刘总您呢。”

客户：“我确实中意这辆车，你看价格上能否再优惠些，或者我是否有必要换一辆价位低一点的？”

销售员：“价格是高了一点，但物有所值，它确实不同一般，刘总您可是做大生意的人，配得上！开上它，多做成两笔生意，不就成了嘛。”

客户：“你们做销售的呀，嘴上都跟抹了蜜似的。”

销售员：“刘总，您可是把我们夸得太离谱了呀。哦，对了，刘总，贸易公司的林总您认识吗？半年前他也在这儿买了一辆跟您这辆一模一样的车，真是英雄所见略同呀。”

客户：“哦，林总，谁人不知啊，只是我这样的小辈还无缘和他打上交道。他买的真是这种车？”

销售员：“是真的。林总挑的是黑色的，刘总您看要哪种颜色的？”

客户：“就上回那辆红色的吧，看上去很有活力，我下午去提车。”

这个案例中的销售员就是抓住了客户的从众心理，于是他轻松地就做成了一笔买卖。

一般人都会这么认为，当自己拿不定主意的时候，跟随潮流绝对不会错，所以人们就有了一种从众心理。从众心理是对人们心理起到一种引导作用。从心理学的角度来说，客户之间相互的影响力要远远大于推销人员的说服力。因为相对于总是想方设法掏光自己口袋的销售人员来说，身边的人更值得自己信赖。为此，销售人员可以利用客户的“从众心理”，来激发客户迅速做出购买决定。

虽然客户具有从众心理，但如果你所列举的成功销售案例没有足够的说服力，那么客户也不会为之心动，更不会去埋单，所以你应当尽可能选择那些人尽皆知，比较有权威性的，对客户影响较大的老客户作为列举对象，否则很难激起客户的从众心理。比如你可以告知客户某明星、某名人都在使用本产品，这样更容易激起客户的从众心理。

当然，你在向客户列举案例的时候一定要本着实事求是的原则，切忌夸大其词，否则一旦客户发现你所列举的案例不具备真实性，就会觉得你是在欺骗他，你是不值得信任的，这时客户就会站出来揭穿你的谎言来维护自己的利益，这样对你而言没有任何好处。

开场白效应：如何迅速抓住客户的心

所谓“开场白效应”是指销售员和客户见面时的开头几句话非常重要，只要开场白开好了，那么客户对你的印象会加深，客户就会在心底里认可你。

俗话说：“良好的开端是成功的一半。”心理学家在研究客户的消费心理时发现，销售员在与客户沟通时，客户一般只会记住销售员前两分钟的话，而且会在这两分钟内决定是否与销售员继续交流下去。因此，开场白的好坏，几乎可以决定这一次交易的成败。

下面是一个销售员的客户拜访开场白。

小林：“李局长，您好，我是电脑公司的小林。”

客户：“你好。”

小林：“李局长，这是我第一次与税务局的负责人打交道，感觉很自豪。”

客户：“很自豪，为什么？”

小林：“因为我每个月都缴纳成百甚至上千元的个人所得税，这几年加在一起有几万元了吧。虽然我算不上大款，但是缴纳的所得税也不少。所以今天给您打电话，会有不同的感觉。”

客户：“噢，这么多，那你们收入一定很高。你一般一个月缴多少？”

小林：“根据销售业绩而定，有的销售代表做得好的时候，可以拿到两万元，这样他就要缴纳一笔数额不小的个人所得税。”

客户：“如果每个人都像你们这样交税，我们税收工作就好做了。”

小林：“对呀，而且国家用这些钱去搞教育、基础设施建设或者国防建设，对我国早日成为经济强国大有好处。”

客户：“没错，但是个人所得税是归地税局管，我们国税局不管个人所得税。”

小林：“哦，我对税务不了解。我这次给您打电话是想了解一下税务信息系统的情况，而且我知道您正在负责一个国税服务器的采购项目，我尤其想了解一下这方面的情况。我们公司是全球主要的个人电脑供应商之一，我们的经营模式能够为客户带来全新的体验，我们希望能成为贵局的长期合作伙伴。我能否先了解一下您的需求？”

客户：“好吧。”

通过上面这个案例，我们可以看出，开场白要达到的效果就是吸引客户的注意力，激发客户的兴趣，使客户乐于与你继续交谈下去。该案例的销售人员，就是通过很好的开场白吸引了客户，有了这个漂亮的开场，他就等于向促成销售迈进了一步。

在与客户沟通时，前几分钟是至关重要的，并且在很多时候，第一句话的印象可以关系到整个交易的成败，即开场白的表达方式会决定是否能够打动客户的心。如果你一开始就成功吸引了客户，那么很可能整个交易过程都会变得很顺利。

推销专家戈德曼博士说过："在面对面的销售中，说好第一句话是十分重要的，顾客听第一句话要比听以后的话认真得多。"《华尔街日报》记者、哈佛大学客座教授尼德·尚曾自信地说："第一句话都不会说，怎么能了解对手呢？这样的傻事我可从来不干。"所以，任何一名销售员都要重视每一个开场白的设计，这样才能使销售工作顺利展开。

下面，我们来了解几种常用的开场白。

1. 单刀直入法

这种方法适用于比较熟识的客户或熟人。正所谓"开门见山"，有什么事就直接说，一见到客户面就可以进行推销，介绍产品，并询问购买意向。这种方式比较直接，所以要求销售人员对客户的性格特点十分了解，否则很难取得满意的效果。如果拜访客户时，不了解对方心情，不设身处地替对方着想，用这种方法很容易碰一鼻子灰。因此，这种方法要看情况使用，不宜随处滥用。

2. 提问式开场法

提问式开场白的重点是提问的内容，要确保所提的问题或能激起客户的兴趣，或能引起客户的注意力，并尽力做到让客户印象深刻。例如："您看过我们的产品吗？""没看过呀！""这就是我们的产品。"说话的同时将样品展示出来，接着再说，"敝公司派我特地来拜访您。您觉得我们的产品如何？"

3．讲故事开场法

有时用一个有吸引力的故事或笑话开场，也可以收到良好的效果。例如，一个保险推销员去拜访客户，总会讲一个与保险相关的故事，客户通常听完故事后会有所感悟和启发，接下来的销售就顺理成章了。值得注意的是，讲故事的目的不仅是为了接近客户，故事的内容一定要与你的推销工作有关，或者能够直接引导客户去考虑购买你的产品。

4．赠送礼品开场法

一般人都喜欢占小便宜。销售人员可以利用赠送一些诸如小本子、圆珠笔、小扇子等礼品的方法开场。当对方接受你的礼品后，你就可以顺便推销你的产品。

5．赞美开场法

每一个人都喜欢听别人的赞美，在开场白中适度地运用赞美，会达到意想不到的效果。例如："您好！我看到您撰写的一篇关于城市规划建设的文章，分析得很专业，拜读后很受启发。我今天特意来拜访您。"

6. 利益驱动法

几乎所有的人都对钱感兴趣，省钱和赚钱的方法很容易引起客户的兴趣。因此，销售人员可以根据人们的这种容易受到利益驱动的特点去设计自己的开场白。例如："王经理，你愿意贵公司每年在成本方面节约一大笔开支吗？"

总之，好的开场白就是销售成功的一半。只有说好开场白，才能迅速引起客户的注意力，并保证销售顺利进行下去。

哈默定律：没有卖不出去的产品，只有不会销售的人

“哈默定律”源自阿曼德·哈默于1987年完成的《哈默自传》。哈默为美国历史上最富传奇性的商人之一，他1898年出生于美国纽约，1917年在医学院学习期间接管了父亲的一家出现经营危机的制药工厂。哈默从制药业起家，在经营制药厂期间，他成了百万富翁。随着财富的不断增长，他又涉足了其他的很多领域，如艺术品、食品、石油、养殖业，等等。

人们常说在自己的领域内要下足功夫，人人都要有一项特长，而哈默在自己的一生中诠释了如何将不同类别的生意做到极致，这源自他对经商的深刻理解。哈默在他的自传中强调：“天下没什么坏买卖，只有蹩脚的买卖人。”这也就是我们现在所说的哈默定律。

一家从事日常用品专营项目的企业，一来为了开拓市场，二来为了提拔新任的销售部经理，于是决定给最有希望晋升的三名销售人员出了一个大大的难题：把梳子卖给和尚。

具体规定是：在半个月内，谁卖出去的梳子最多，就可得到升迁机会。

甲几乎跑遍了所有的寺院，起初就连他自己也羞于开口，要把梳子推销给和尚，自己想想都觉得荒唐。但是，为

了赢得这个重要的机会，他可谓是磨破了嘴皮，去向每一个和尚推销，结果却是：再静心的和尚都被这一举动给逗乐了。最后只有一名头皮爱发痒的老和尚把一把梳子当作挠痒工具给买了。

乙与甲的遭遇一样，但就在他近乎绝望时，他看到烧香的信徒中有个女客头发有点儿散乱，于是，他心生一计。随即，他向老和尚阐述了这一现象是对菩萨的大不敬，寺院应备一些梳子供来客使用。结果，他成功说服了两家寺院，共销售了8把梳子。

丙在面临这个考验时，首先想到的不是“荒唐”二字，而是在想：天底下没有卖不出去的产品，每一样产品必然有需求群，每一个客户都有切入口，关键就是如何找到这个切入口。既然对于和尚不能直接销售梳子，那么可以从哪种途径来进行间接销售呢？

最终，他利用几天时间在寺院里观察、研究，终于找到了契机。他找到寺院负责人说：“寺院是一个神圣的地方，它可以平静人们的心灵，安抚人们的心绪。人们不远千里来到寺院，目的就是祈福、许愿、还愿，因此，在离去的时候都想带点安慰回去。所以，寺院不如在梳子上刻上各种祝福，如姻缘梳、虔诚梳、好运梳、发财梳等，让来客可以梳顺理清万千烦恼丝。除此之外，还把梳子进行分级，在某些条件下可以分发给适当的来客。”

此举一出，果然反响很好，不但引来大量香客，还颇受好评。以至于此消息一传出，各大寺院都纷纷上门来要求大批量购进。

所以，在半个月的时间里，丙的成绩不断地在刷新——上千、上万……

只要你找对方法，销售就是一件简单的事。事实上，销售就是要善于发现和挖掘客户的需求，然后沿着所发现的问题进行分析问题，提出解决问题的方案，这样一个销售工作就顺利地完成了。在销售的过程中，客户的需求和问题是中心，产品只是满足客户的需求、解决客户问题的一种工具而已。只要你用对方法，主动满足客户需求，帮客户克服困难、解决问题、排除障碍，你就一定会成功。

天下没有做不成的生意，就看你做不做，怎么做。销售员在工作中要时刻谨记：只要有需求，就会有销售；只要你想做，就没有做不成的生意。如果你带着这样的信念去拼搏、去奋斗，相信上天也不会忍心辜负你的。

汤姆·霍普金斯被誉为“世界上最伟大的推销大师”，接受过他训练的学生在全球超过一千万人。

有一次，汤姆·霍普金斯在接受一家报纸记者的采访时，接受了记者向他提出的一个挑战性，要他当场展示一下如何把冰卖给爱斯基摩人。

于是就有了下面这个脍炙人口的销售故事。

汤姆：“您好！爱斯基摩人。我叫汤姆·霍普金斯，在北极冰公司工作。我想向您介绍一下北极冰给您和您的家人带来的许多益处。”

爱斯基摩人：“这可真有趣。我听过很多你们公司的好产品，但冰在我们这儿可不稀罕，它用不着花钱，到处都是，我们甚至就住在这东西里面。”

汤姆：“是的，先生。注重生活质量是很多人对我们公司感兴趣的原因之一，而看得出来您就是一个很注重生活质量的人。你我都明白价格与质量总是相关联的，能解释一下为什么您目前使用的冰不花钱吗？”

爱斯基摩人：“很简单，因为这里遍地都是。”

汤姆：“您说得非常正确。您使用的冰就在周围。日日夜夜，无人看管，是这样吗？”

爱斯基摩人：“噢，是的。这种冰太多太多了。”

汤姆：“那么，先生，现在冰上有我们，您和我，您看那边还有正在冰上清除鱼内脏的邻居们，北极熊正在冰面上重重地踩踏。还有，您看见企鹅沿水边留下的脏物吗？请您想一想，设想一下好吗？”

爱斯基摩人：“我宁愿不去想它。”

汤姆：“也许这就是为什么这里的冰不用花钱……能否说是经济合算呢？”

爱斯基摩人：“对不起，我突然感觉不大舒服了。”

汤姆：“我明白。给您家人饮料中放入这种无人保护的冰块，如果您想感觉舒服必须得先进行消毒，那您如何去消毒呢？”

爱斯基摩人：“煮沸吧，我想。”

汤姆：“是的，先生。煮过以后您又能剩下什么呢？”

爱斯基摩人：“水。”

汤姆：“这样做您是在浪费自己时间。说到时间，假如您愿意在我这份协议上签上您的名字，今天晚上您的家人就能享受到最爱喝的既干净又卫生的北极冰块饮料。噢，对了，我很想知道您的那些清除鱼内脏的邻居，是否也乐意享受北极冰带来的好处呢？”

结果，爱斯基摩人购买了汤姆推销的冰。

把冰卖给爱斯基摩人，这看似是一个不可能完成的事情，但汤姆·霍普金斯认为没有成交不了的单，只要找到合适的方法，一切皆有可能。事实上，他真的做到了。

销售没有什么不可能，那些业绩平平的销售人员，之所以成交量很低，很大原因是他们太熟悉“不可能”这个词了，总是说这个不可能那个不可能，其结果是真的没有了可能。

人们常常会对自己本身或自己的能力产生“自我设限”，其中的原因可能是因为过去曾经失败过，因而对于未来也不敢期望会有成功的一日，也有可能是没有一个活生生的具体目标，对于愿望能否实现心存疑虑。长此以来他们便开始学得务实，而终于平庸。结果，自设的绝境，比生活给的绝境更加让人难以逾越。而拥有坚定信念的人，却总能在生活的有限中走出无限来，因为他们更善于在绝望之处看到希望，在不可能中捕捉到可能。

稀缺效应：越是稀少的东西，人们越是想得到

经济学家经常以钻石和水做比较，解释物品的使用价值和交换价值，钻石的用处极小但价格昂贵，生命必不可少的水却非常便宜——在经济学中这被称为“稀缺效应”。

我们知道，没什么东西比水更有用，但能用它交换的货物非常有限，用很少的东西就可以换到水。相反，钻石没有什么用处，却可以用它换来大量的货品。为什么会出现这样的现象呢?

最好的诠释是“物以稀为贵。”虽然水对整个人类的效用是无穷大的，但是由于水几乎是取之不尽、用之不竭的，因此价

格也就十分低廉。与之相反，钻石的供给量十分稀少。钻石的低供给量使得每一单位钻石所起到的效用要远高于一单位的水。因此，钻石对于人们而言就十分珍贵，其价格也是超高的。

鲁迅先生曾在《藤野先生》一文中说过这样一段经典的话：“大概是物以稀为贵罢。北京的白菜运往浙江，便用红头绳系住菜根，倒挂在水果店头，尊为‘胶菜’；福建野生着的芦荟，一到北京就请进温室，且美其名曰‘龙舌兰’。”

从心理学的角度看，这反映了人们深层的一种匮乏心理，即：因为稀缺，所以担心错失机会。从情感角度来看，稀缺还可以带来心理满足、荣耀和口碑传播。从经济学的角度来看，当一种商品的供给量不能满足实际需求量时，这种商品就会脱离其内在价值而出现价格升高的现象。所以在消费上就形成了“越稀缺的商品，价格越高”的现象。在消费心理学的研究中，研究人员把人们由于商品稀缺而引起的购买行为提高的变化现象，称为“稀缺效应”。

有了这样的心理学和经济学理论基础之后，我们就比较容易理解人们在现实生活中所做出的很多非理性举动了。甚至包括在爱情这个难以用价值去衡量的领域，越是难以追求到的爱慕对象，人们往往越容易投入更大的精力。因为在人们的心底，有这样的一种倾向——得不到的往往是最好的。

追逐稀缺资源的心理倾向就像是一种魔法，存在于人们生活方方面面的决策中，在销售领域更是如此。很多商家都利用人们的这一心理，出售数量有限的商品，即搞限量销售。例如，有些商家隔三岔五地搞促销，并且用很大的条幅醒目地打出来：“此价格仅售三天”“前20名顾客可以享受5折优惠”等。很多消费者见有这样的好机会，就抱着“机不可失，失不再来”的心理争先恐后地前去抢购。所以，如果我们在销售中善于利用客户的这种心理倾向，那么我们就会实现更多销量。

有一家仿古瓷厂生产的瓷瓶在一家商店销售，定价500元一个，在商店摆了不少，一个也卖不出去。

后来有人给商店出主意，说这种商品不能卖给中国人，而应当主要卖给外国人

于是商家把瓶子全部收起来，店里只放一个，价格则从500元涨到5000元。不久，一个外国人看了想买，可是想要一对。

经理讲："本店只有一个，不过明天我一定想法再帮你找一个来，今天你先把这个拉走。"

外国人一再嘱咐一定要再找一个来。

第二天，这位外国人来到店里，看到经理给他准备好了另一个。由于以为是费了一番周折买到的，外国人非常高兴。

短缺的直接效果，就是吊人的胃口，挑起人本性中的好奇心和占有欲，发誓非要弄到手不可。

一般来说，人们常常对那些买不到的稀罕东西兴趣比较大，越买不到，越想得到。销售人员可以利用客户这种心理，吸引他们的眼球。比如，服装店售货员可以说："这款衣服就剩下最后一件了，而且货源也比较紧缺，短期内我们不会再进货了，您要是不买，恐怕以后真买不到了。"一般来说，只要感兴趣的顾客，肯定会买下这件衣服。

有人做过一项研究，商店老板将一些巧克力饼干免费给顾客品尝，他先是从一个满满的罐子里取出一些饼干给他们吃，顾客说："味道不错。"然后他又从一个快空了的罐子里拿一些饼干

给他们吃，顾客说："这种饼干味道更好。"其实，老板拿的是同一种饼干，只是形状略有不同罢了。这项研究表明了人类天性的一个很有趣的特点：人们往往认为稀缺的东西价值更高。

法国经营皮箱的路易·维顿公司，在很长时间里，其销售量总是没有增长，公司总经理忧心如焚。这天，公司销售部经理路易斯向董事会申请使用限量销售法，经研究，董事会通过了他的这项决议。他的做法是：严格控制销售数量，即使客户订货量再大，也一律执行"限量销售"，制造出一种"供不应求"的景象。

有一位日本顾客，3天上门10多次，每次都提出要买50只手提箱，虽然仓库有大量存货，但销售人员声称货源告急，每人只能买两只。许多人闻讯，纷纷登门抢购。"限量销售"法，正是激发了顾客怕买不到这样好的商品的心理，从而打开了市场。

"物以稀为贵"，东西少了自然就变得很珍贵。在消费过程中，客户往往会因为商品的购买机会变少、数量变少，而争先恐后地去购买，害怕以后再也买不到。销售人员如果能好好把握客户的这种心理，适当地加以刺激，便可以使客户认为如果这次不买，就"错过这村，没这店了"，使你顺利地让自己的商品获得畅销。比如，销售人员可以说："今年下半年市面上的货可能就会比较紧缺了，因为我们公司现在人手不够，计划减少产品供应量。"或者说"现在原料价格都涨了，可能过不了多长时间，我们商品的价格也会相应提升，建议您及早购买，别错失了良机啊。"客户听了这些话，他的"物以稀为贵"和"害怕买不到"的心理就会被刺激到，下一步，他便会下定决心："现在就买！”

此外，在与客户交谈的过程中，销售人员还可以适当夸大市场信息或者与自己销售的商品有关的行情，一定要让客户知道，这种商品比较畅销，或者比较紧缺，让客户觉得现在就是购买的最好时机。

总之，在销售过程中，销售人员利用稀缺效应，适当地制造一些让客户“买不到”的氛围，给客户制造一些“购买产品的最后机会”，往往更有利于争取到订单。

重复定律：一句话多说几次就是广告

任何的行为和思维，只要你不断地重复，就会不断地加强。只要你能够不断地重复一些人、事、物，它们就会在潜意识里变成事实。这就是“重复定律”。

有人说，世界上的事就怕“重复”，一件不经意的事，重复做，最终会变得不简单。心理学研究发现，如果群体里的一个人重复他的观点三次，那么就会有90%的机会获得他人的支持。在销售过程中，如果你想说服客户，你就要不断重复产品的优点和对客户的好处。因为有的时候一次说话，别人很容易没有听到或没记住，所以你要注意不断地重复。例如，你可以说：“您看，我们的质量真的很好……这是使用者的感受……这里是相关部门的检测报告……是的，我们的质量是同类中最好的，它能为您节省时间、能减轻您的负担，还能为您节省金钱……”在结束谈话的时候，你还可以强调：“您再好好考虑一下……我们的产品质量真的是目前最好的，您刚才也看到了，那么多使用者都认为不错……如果有了它，您可以省出大量的时间来……您还能省好多钱……”不错，真实的销售场景是这样的。一位优秀的销售人员懂得重复的威力，他会反复强调客户认为重要的东西，不断地重复。

甲乙两名销售员在卖同一款相机，取得的销售效果却不同。

销售员甲：“嗯，这么说，您决定购买一款相机啦？”

客户：“是，不过一定要全自动的。我想把它作为礼物送给女儿，她不会使用相机，所以一定要容易使用的。”

销售员甲：“您的预算大概是多少？”

客户：“1200元左右吧。”

销售员甲：“好的。我觉得这个型号的相机挺符合您的要求的，目前特价，只售1000元，物超所值。在同类型中它的性价比最高……”

客户：“嗯……”

销售员甲：“另外它还具有超高速快门，就是说……”

客户：“对不起，使用起来是否方便容易呢？”

销售员甲：“我正要介绍……”

客户：“让我先考虑考虑再说吧。”

我们再来看看乙是如何销售的。

销售员乙：“嗯，这么说，您决定购买一款相机啦？”

客户：“是，不过一定要全自动的。我想把它作为礼物送给女儿，她不会使用相机，所以一定要容易使用的。”

销售员乙：“容易使用，好的。那您的预算大概是多少呢？”

客户：“1200元左右吧。”

销售员乙：“好的。我觉得××型相机挺符合您的要求，目前特价只要1000元，这是在您预算范围内最容易使用的相机，完全自动。您女儿所要做的只是选取好想要照的景象，然后按下快门就可以拍照了，就这么简单。”

客户：“嗯……”

销售员乙：“输出也十分容易，只要用数据线连接电脑即可。”

客户：“就这么简单？”

销售员乙：“就这么简单！它是全自动的，使用起来很简单。您打算今天就买吗？”

客户：“现在有货吗？”

销售员乙：“当然。”

客户：“好吧。”

上述案例中，销售员甲和客户的对话为何会结束得这么快呢？这是因为他的注意力集中在了产品的各种功能和性价比上，因而忽略了满足客户的特定需求。尽管该相机具有许多特点，但客户只想给女儿买一部容易使用的相机，所以客户没有接受销售员甲的推荐。

而销售员乙听到客户的特定需求是一部使用简单的相机后，他就为客户描绘了如何轻松使用本款相机的场景，并将对方的特定需求重复了四次。通过不断重复“自动”和“使用简单”这类词语，加深了客户的印象，所以客户认同了乙的推荐。

所以，销售人员要先倾听客户的需求，当客户提出的需求十分明确时，销售员就可以通过使用重复定律，来引导客户认可产品。

对销售来说，重复定律的核心思想就是将产品的好处重复灌输到客户的潜意识里面。一些客户原本不太注意、不太确定的东西，重复多了，就会深深地刻印在脑海中，甚至成为真理。

重复是一种有效的销售心理技巧。不断对客户重复某个观点的重要性，这样有助于使他人相信你。

名人效应：用名人声势制造最佳效果

“名人效应”，是名人的出现所达成的引人注意、强化事物、扩大影响的效应，或人们往往会模仿名人的心理现象的统称。名人效应已经在生活中的方方面面产生深远影响。在销售活动中，一些商家善于研究和迎合消费者的心理，根据人们对社会名流的爱慕、崇敬之心，便借助名人的威望来做广告，推销产品，颇为奏效。

当今社会，“名”已经成为一种资源。在商业领域里，只要加以良好的商业运作，良好的声名作为一种可贵的资源便能直接转化为财富，促进商品销售。

一位出版商手头积压了一批书卖不出去，眼看就要亏本了。情急之下，出版商想了一个点子：给总统送去一本，并频频联系征求意见。忙得不可开交的总统随便回了一句：“这书不错。”如此一来出版商如获至宝，大做宣传：“现有总统喜爱的书出售。”还把“这书不错”四个字印在封面上。于是，出版商手头的书很快被抢购一空。不久，这个书商又采购了一批书，便照方抓药，给总统送去一本。总统有了上次的教训，想借机奚落书商一番，就在送来的书上写道：“这书糟透了。”总统还是入了套儿，出版商又大肆做宣传：“现有总统讨厌的书出售。”人们出于好奇争相抢购，这批书很快便全部卖掉。第三次，出版商再次把书送给总统，总统有了前两次被利用的教训，干脆紧闭金口不理不睬。然而出版商还有话说。这次他的宣传词是“现有令总统难以下结论的书，欲购从速”。结果，这批书还是被抢购一空。

在这个故事中，出版商借着有巨大影响力的总统的“评价”，成功地把书都卖出去了。

当今社会，借名人造势，或制造一些新闻看点，已经成为商界的一种主要策略。很多企业已经认识到，利用人们涉及政届名流、名人、明星的心理，有意识地把他们一经营产品和服务项目联系起来，能更好地引起消费者的注意，从而增强其购买欲。

1984 年，美国总统里根访问中国。按照惯例，里根总统临别前将举行一次答谢宴会。当时新开业的北京长城饭店敏锐地意识到这是提高本饭店知名度与经济效益的极好机会，于是饭店的公关部采取了一系列措施。首先，他们频频向美国驻华大使馆发出邀请，无偿地请使馆官员到本店居住，然后请他们对饭店的设施及服务质量提出意见。俗话说：“吃了人家的嘴软，拿了人家的手短。”白白在五星级饭店里享受多日的使馆官员哪个不是赞不绝口？于是他们就不失时机地提出建议：把里根总统的答谢宴会安排在长城饭店举行。经过一番游说与宣传，他们终于如愿以偿。

1984 年 4 月 28 日，里根总统和他的随行人员以及中外各国记者 500 余人云集长城饭店，答谢宴会正式举行。随后，这条世界级的新闻连同电视画面一起，顷刻间传遍全球，北京长城饭店的名字也迅速为世人所知。许多人以前不知道有个长城饭店，当里根总统举行完答谢宴会后，任何人都会这样想：里根答谢宴会能在长城饭店举行，说明长城饭店是中国第一流的饭店。长城饭店因此游客云集，取得了显著的经济效益。

在市场营销中，借助名人来给自己的产品做宣传不失为一条常胜之道。名人效应可以引领潮流，吸引着大批的人跟进。

心理学家认为，普通人对于社会中的名人都有一种崇拜心理，虽然这种心理的外在表现形式有所不同，但由于这种心理的作用，人们会产生爱屋及乌的想法。例如，人们会在潜意识中想要去模仿名人的衣着打扮等。因此，充分利用公众的这种心理，就成了如今广告业界的共识。

对于一些正在创建自有品牌的企业来说，其实更需要借助名人效应来提高自己的社会知名度和产品美誉度，毕竟品牌树立之初，在客户当中的信誉度与推广度会受到很大限制，如果经营者能够借助名人效应，以此来拉近品牌与消费者之间的距离，打响品牌的知名度，这样就能支撑企业更长远的发展和进步。

马云是我国第一批接触互联网行业的人。互联网在中国方兴未艾时，马云意识到互联网将改变人类生活的方方面面，于是就创办了中国黄页。

然而，当时很多人并不知道互联网是什么东西，不管马云怎么解释，大家都不相信，有些人甚至还认为马云是疯子、骗子。

马云不知道怎么做才能让大家相信自己说的话，才能相信互联网将改变人类生活的方方面面。就在他一愁莫展时，他突然想起了比尔·盖茨曾经也预料互联网将改变人类生活的方方面面，于是脱口而出：“比尔·盖茨说‘互联网将改变人类的方方面面’。”

让马云没想到的是，他的一个无意之举竟然引起了媒体的关注。很多媒体都把他说的这句话登了出来。结果，这句话引起了很大的反响，很多人都开始相信互联网，互联网因此开始进军中国。

在非常时期，马云做出了一个非常举动。当时，大家都知道比尔·盖茨是世界首富，他在人们心中是一个了不起的人物。他说出来的话自然比当时的马云说出来的话更有分量。因此，马云便借助比尔·盖茨之名来推销互联网。

名人具有强大的影响力和知名度。即便是一些很难打开市场的品牌，一旦与名人沾上了边，那么就不用愁卖不出去了。名人一般都具有较高的知名度，有些还有相当的美誉度，以及特定的人格魅力等，借助他们推广产品，更具有吸引力、感染力、说服力、可信度，有助于引发大众的注意、兴趣和购买欲，同时还能体现品牌实力，进一步提升企业和产品的社会形象。

费斯诺定律：多倾听客户的声音，倾听比说更重要

有这样一个小故事：

曾经有个小国使者进贡了三个一模一样的金人，金碧辉煌，把皇帝高兴坏了。可是这小国使者不厚道，同时出一道题目：“这三个金人哪个最有价值？”

皇帝想了许多办法，请来珠宝匠检查，称重量，看做工，都是一模一样的。怎么办？使者还等着回去汇报呢。泱泱大国，不会连这种小事都不懂吧？

最后，有一位老大臣说他有办法。

皇帝将使者请到大殿，老大臣胸有成竹地拿出三根稻草。他把一根稻草插入第一个金人的耳朵里，这根稻草从另一边耳朵出来了。第二个金人的稻草从嘴巴里直接掉出来。而第三个金人，稻草进去后掉进了肚子里，什么响动也没有。老臣说："第三个金人最有价值！"使者默默无语，答案正确。

虽然三个金人都有各自的价值，但是第三个金人却因为象征着善于倾听别人的意见而价值最大。所以，英国联合航空公司总裁兼总经理费斯诺总结说："人有两只耳朵，却只有一张嘴巴，这意味着人应该多听少讲。"这就是"费斯诺定理"。它告诉我们：在与人相处时，要少说话，多听别人说。只有这样，才能赢得别人的好感和支持。

在销售中，有时候听比说更重要。倾听是了解客户需求的第一步。销售不需要"喋喋不休"或"高谈阔论"，而是要拿出更多的精力来听。你要善于听取客户的要求、需要、渴望和理想，善于听取和搜集有助于成交的相关信息。著名推销员乔·吉拉德曾经告诫销售人员说："不要过分地向客户显示你的才华。成功推销的一个秘诀就是80%使用耳朵，20%使用嘴巴。"

心理学认为，在与人沟通的过程中，表达往往是以自我为中心，是重视自己的感觉；而倾听则是以对方为中心，是对他人的重视和尊重。因此，这二者所带来的效果是完全不同的。

在美国，曾有心理家对同一批受过训练的保险推销员进行过研究。因为这批推销员接受同样的培训，业绩却差异很大。科学家取其中业绩最好的10%和最差的10%做对照，研究他们每次推销时自己开口讲多长时间的话。

研究结果很有意思：业绩最差的那一部分人，每次推销时说的话累计为30分钟；业绩最好的10%，每次说话累计只有12分钟。

那么，为什么只说12分钟的推销员业绩反而高呢？

很显然，他说得少，自然听得多。听得多，对顾客的各种情况、疑惑、内心想法自然了解得多，因此他会采取相应措施去解决问题，结果业绩自然优秀。

一年卖出60辆雷克萨斯的销售员千叶曾这样说："每名客户都像一本书，你要用心听才读得懂。"

10年前，千叶还只是个默默无闻的销售员。客户上门，她三句话不离"车"，然而业绩总是挂零。直到有一天，一位客户跟她说："你就不能闭嘴吗？"这话对她来说，无疑是当头棒喝。此后，她每次都会让客户先说话。

一次，有位企业老板娘来店里看车，同事亲热地走上前去问候："您来看车吗？"老板娘不悦地道："来你们这儿，不看车看什么？"这时，千叶静静地端上一杯水站在一旁，不发一语。

老板娘开口说："你们业务员的服务态度很差，车卖得又贵。"千叶虚心请教："您说得非常对，您能给我们提提意见吗？"她挽着对方的手前往贵宾室里坐下。半个小时后，一笔20辆车的订单就被千叶拿到手了。

同事们很奇怪地问她："你施了什么法术吗？"千叶静静地说："我什么都没做，只是听她抱怨了20分钟。"原来，这位客户早就锁定了一款车型，但逛了几间车行都没碰到满意的销售员。而千叶只是用心倾听抱怨，一边回应，这边整理自己的思绪。等客户气消后，她开始与对方聊起家庭生活的经验。就这样，不到30分钟，交易就完成了。

有经验的销售员都非常注意倾听客户的谈话。真诚的倾听不仅仅是对客户应有的尊重，也是一种策略。我们在聆听客户说话的过程中，可以通过客户的语言分析对方的心理、对方的顾虑，通过客户说话的语气、语调来判断其心理的变化，从细微处了解客户的消费习惯与个性，了解客户对我们的产品和服务的满意的和不满意的地方，因此便能够有针对性地说服顾客，最终达成让对方满意的交易。英国克兰菲尔傅管理学院的麦克唐纳博士发表过这样的看法："让客户充分表达他的异议，即使你知道他下一句要说什么，也不要试图打断他。对客户要有礼貌，要认真听他所说的，尽力做出反应，给予巧妙的而非狡诈、装腔作势的回答。没有一个买主会喜欢自作聪明的推销员，除非推销员表现出对买主及其问题有兴趣，否则他永远不会赢得买主的信任。"

最优秀的销售人员，不一定是最能说的人。善于倾听，才是一名优秀销售人员最基本的素质。

销售人员在运用倾听技巧时，要注意以下几点。

1. 倾听要专注

与客户说话时，不可做一些与此无关的事情，这是恭敬的表示。而且，当客户偶然问你一些问题时，你就不会因为不留心听他所说的话而无从回答了。

2. 善于运用体态语言

倾听时，要注视客户，表现出全神贯注的神情。身体要向对方微微前倾，适当地运用一些表示恳切的微小动作，如点头、微笑、轻声附和，避免呆若木鸡的神情。这个时候，千万不要做无关的动作，看表、修指甲、打哈欠、伸懒腰等都是不合时宜的。

3. 适当地插话

聆听时，偶尔插上一两句赞同的话是很好的，不完全明白时加一句问话也是非常必要的，因为这正表示你对客户的话很留心。但是，你不可以把发言的机会抢过来后，就滔滔不绝地说自己的，除非对方的话已告一段落，该轮到你说话时才可以这样做。

4. 及时总结归纳客户观点

在倾听客户谈话时，销售人员切不可一味地接受信息，还要及时将这些客户信息加以整理和总结，并在适当的时候传递回客户那里，以检查倾听的效果，避免歪曲或误解客户的观点。另外，这种及时的反馈也会让客户有受重视的感觉，从而使他们更愿意发表意见，传达内在信息。

5. 适当地提问

适当地提问可以表明你正在用心地听。这可以满足客户的虚荣心，使其更有兴致谈下去。若你只做“永远”的听众，而不发一言，不仅与欢愉的气氛格格不入，也会使对方失去交谈的兴致。很多事实证明，会提问题的人，在谈话以后都会被对方认为是会说话的人，而并不在意他实质上什么也没说。

在销售过程中，销售人员最有效、最重要的沟通原则与技巧是成为一名好听众。如果销售人员能专注倾听客户说话，自然可以使客户在心理上得到极大满足，这很有利于促成销售。

第五章

对待同事：
左右逢源的社交心理学

互惠原则：吃人家的嘴软，拿人家的手短

人际交往在本质上是一种价值交换的过程，即相互给予彼此所需要的。人们把这种交换叫作“互惠原则”。

春秋时，赵盾有一次看见一棵枯树下有一个人躺在地上，奄奄一息，眼看就快要饿死了。赵盾便停车下来，给他东西吃。那个人一点一点地咽下食物，慢慢地有了精神。

赵盾问他：“你为什么饿成这个样子呢？”

那个人回答说：“我在回家的路上被人打劫，吃的都被抢走了，我羞于向人乞讨，又不愿擅自拿别人的东西，所以才饿成这个样子。”

于是赵盾便送给他一些干肉，那个人拜了两拜，接受了干肉，却不肯吃。

赵盾问他是什么缘故，他回答说：“我家还有老母呢，我想把这些肉留给她吃。”

赵盾说：“你把这些吃了吧，我另外再给你一些。”于是又赠给他两束干肉和一些钱，便离开了。

过了两年，晋灵公派兵追杀赵盾，其中有一个士兵跑得最快，追上了赵盾，赵盾心里想着我命休矣！

没想到这个士兵对赵盾说：“请您上车快跑，我来保护您。”赵盾问：“你为什么要这样做呢？”

那个士兵道：“我就是枯树下饿倒的那个人。”于是他奋力保护赵盾，最终以死助赵盾逃脱。

这个士兵为什么以死保护赵盾呢？其实就是不知不觉地受到了心理学上互惠原则的影响。

为什么互惠原则有如此威力？俗话说“来而不往非礼也”，人们都有一种不愿负债的心理。一旦受惠于人，心理上会有一种压力，让人迫不及待想要卸下，这时就会痛痛快快地给出比我们所要多得多的回报，以使自己得到心理重压下的解脱。互惠原则在人类社会中受到了普遍的认同，在职场中也是如此。当你的同事遇到一些不顺利的事情而致使工作无法顺利进行时，如果你能够雪中送炭，无疑为自己增加了一份人情，也为你以后的职场生涯打造了一份良好的人际关系。这种关系是相互的，你帮助了别人，别人也会帮助你！

赵大海是一家制衣厂的个体老板，他以几万元起家，在短短六年内发展成拥有几千万元资产的成衣制造商。他之所以能站住脚，靠的就是投桃报李。在创业初期，他深知自己财力单薄，不可能仅凭个人实力与同行业的大厂家竞争，必须联合所有能用上的人力、物力、财力。而要做到这一点，就必须以心换心。

有一次，赵大海厂里生产的一种连衣裙，在北方某个省份失去了销路，零售商天天打电话要求退货，这可急坏了地区批发商，他连夜赶来找赵大海商量对策。这可是个大问题，如果把货收回来，积压在库房里，批发商将受到巨大的经济损失。

赵大海二话没说同意退换：“你的困难，就是我的困难，不管什么原因造成了这种局面，我都绝不会让你受损失，你把这批连衣裙统统收回，送到我这里调换成别的式样的裙子。”这个地区经销商感动地说：“但也不能让你一个人吃亏呀。”赵大海说：“产销一家嘛，我们都是一家人，谁受损失都一样，这事理应由我来承担。”这件事传出去以后，全国各地的批发商对赵大海更加敬重了。赵大海帮助人的事举不胜举。批发商、零售商对赵大海为人着想的做法都很佩服。

“天有不测风云”，在一次百年一遇的大洪水中，赵大海用贷款修建的现代化服装厂遭受了灭顶之灾，设备、材料、产品被冲得几乎一干二净，辛苦数年积攒的全部家底都在洪水中化为乌有。赵大海犹如遭到了晴天霹雳，欲哭无泪，他甚至想到了死。在他万念俱灰的时候，他的销售网络中几个较大的批发商登门拜访，鼓励他“重振旗鼓”。可是，赵大海连还债的钱都没有，哪还有资金兴建工厂。一位批发商爽快地说：“你放心，只要你肯继续干下去，钱的事包在我们身上了。”另一位说：“过去，我们困难的时候，你帮助了我们，现在我们也不能昧良心袖手旁观。”五天后，那几位批发商召开了有来自全国各地几百位批发商在场的集资大会，仅仅两个多小时，就凑齐了赵大海重建厂子所需的资金。一星期后，赵大海的工厂就恢复了生产。

互惠原则是一种普遍存在的心理影响力，如果你想获得好人缘，就要好好利用人们的互惠心理。也就是说，当你想得到他人帮助之前，不妨先向他人提供帮助，这等于在人际关系的银行中，提前存下了丰厚的资金，当你有一天需要时，就可以随时支取，甚至透支使用。

“赠人玫瑰，手有余香”，人与人之间需要互相帮助，这是尽人皆知的道理。如果能够在职场中帮助别人，那么在自己有了困难的时候，也就能得到他人的帮助，就算没有获得实际的帮助，自己也不会遭受更大的伤害。

俗话说："吃人家的嘴软，拿人家的手短。"著名心理学家罗伯特·西奥迪尼指出："对于别人的付出我们要予以回报，否则就会产生愧疚感。"这也正是我们平时所说的"互惠心理"。想要获得什么样的回报，往往不在于别人想要给你什么，而是你曾经给了别人什么。当你实实在在地为别人做了一些事情，给他带去了一些好处，别人就会想方设法地来报答你为其所做的一切。所以，如果你想建立自己的职场人缘，就要在同事需要帮助的时候及时伸出援助之手，为别人解决燃眉之急。事实上，这在无形中也为你铺垫了一条通往成功的道路。

瀑布心理效应：管好你的嘴，避免"祸从口出"

"瀑布心理效应"，是指信息发出者的心理比较平静，但传出的信息被接收后却引起了不平静的心理，从而导致态度行为的变化等。这种心理现象，正像大自然中的瀑布一样，上游平平静静，而遇到了某一峭壁即会飞流直下。

在生活中，我们经常会有这种体会：在跟人交谈的时候，自己不经意间说了一句话，对方却听出了弦外之音；明明你不是那样的意思，但对方就是听出了那种意思。俗话说："说者无心，听者有意。"很多时候，我们会被别人的"无心之言"刺伤，也会在无意中伤害了别人。于是，强烈的"瀑布心理效应"被一句话引发了。

一个刚毕业的大学生到某公司工作。上班的时候，他突然闻到一股难闻的气味，原来旁边有一个同事正在说话，他发现这个人有口臭。于是，他就大声嚷道：“大哥，你今天刷牙了吗？我都快要被你的口臭给熏死了，简直就像地沟的味儿。”他好心地递给同事一块口香糖，说，“快吃一块吧！”周围的同事都看着他们，有几个女同事还在那儿窃窃私语，几个男同事则发出了笑声。而那个有口臭的同事霎时面红耳赤，不但没有接他的口香糖，反而摔门而出。

从那以后，那个同事对他的态度变得十分冷淡。

这个事例告诉我们，如果你想在职场中成为一个受欢迎的人，就必须时刻提醒自己不要犯无心伤人的错误，避免自己的一句闲话引起强烈的瀑布心理效应。所以我们跟同事说话的时候，一定要注意措辞，以免“祸从口出”，不经意间断送了自己的人脉。

1.不说揭别人短的话

俗话说得好：“打人不打脸，揭人不揭短。”要想与他人友好相处，就要尽量体谅他人，维护他人的自尊，千万不要有意无意地戳人痛处。

朱元璋儿时有位好友，千里迢迢从老家凤阳赶到南京，他几经周折总算进了皇宫。一见面，这位老兄便当着文武百官的面大叫大嚷起来：“哎呀，朱老四，你当了皇帝可真威风呀！还认得我吗？当年咱俩可是一块儿光着屁股玩耍的。你干了坏事总是让我替你挨打。记得有一次咱俩一块儿偷豆子吃，背着大人用破瓦罐煮，豆还没煮熟你就先抢起来，结果把瓦罐都打烂了，豆子撒了一地。你吃得太急，豆子卡在嗓子眼儿还是我帮你弄出来的。怎么，不记得啦？！”

这位老兄还在那喋喋不休唠叨个没完，宝座上的朱元璋再也坐不住了，心想：“此人太不知趣，居然当着文武百官的面揭我的短处，让我这个当皇帝的脸往哪儿搁？”盛怒之下，朱元璋下令把这个穷哥们儿杀了。这就是戳人痛处的下场。

我们常说“瘸子面前不说短”，“胖子面前不提肥”，“东施面前不言丑”。同样，让人失意之事应尽量避而不谈。人人都有各自不同的成长经历，都有自己的缺陷、弱点，也许是生理上的，也许是隐藏在内心深处不堪回首的经历，这些都是他们不愿提及的“疮疤”，是他们在社交场合极力隐藏和回避的话题。所以说，我们要极力避免说别人的短处，否则不仅会使别人的尊严受到损害，还会表现出你品德的缺点。

2. 不说别人的隐私

每个人都有自己的隐私，都不希望被他人触及，不管这个“他人”同自己关系多么亲密。心理学研究表明：谁都不愿意将自己的短处或隐私在公众面前“曝光”，一旦被人曝光，就会感到难堪而恼怒。因此，在与人交往中，如果不是为了某种特殊需要，一般都应尽量避免接触这些敏感区，以免让人出丑。

王丽是某商场服装柜台的售货员，平时除了向顾客推销衣服之外，她最喜欢的事情就是打听别人的隐私。

有一次，隔壁柜台的小孙无意间向王丽透露了对面卖鞋柜台的娜娜是个未婚妈妈，而且孩子的爸爸不知道去哪里了。从此，王丽有事没事就跑到娜娜那里去聊天，看似很关心地问孩子的近况。

刚开始，娜娜对王丽的关心还挺感谢，毕竟关心她的人不多。渐渐地，娜娜发现王丽越问越多，不仅问她是怎么跟孩子的爸爸认识的，还问她为什么孩子的爸爸不见了，究竟是什么原因。娜娜认为这是非常隐私的事情，就没有跟王丽说。王丽问了几次都无果之后，心生不满，就把娜娜的事情告诉了其他几个人。

娜娜怕自己的事情传得沸沸扬扬，赶紧把王丽叫过来，让她不要再多嘴。王丽对娜娜说："其实我也是关心你，不让我说也行，那你告诉我孩子的爸爸究竟为什么抛弃你们娘俩。"无奈的娜娜只能吞吞吐吐地说出一些内情，还别说，王丽还真的没有再出去宣扬娜娜的事情。但没过多久，王丽又开始问："那孩子的爸爸现在在干什么？你们还有联络吗？"娜娜见王丽越问越多，索性就不理她了，岂料王丽再次把这件事情传得沸沸扬扬。气愤的娜娜后悔不已，只能辞职离开这个是非之地。

其实，任何人都有其个人的隐私，都有其不想告人的秘密，所以在与人谈话时如发现对方对哪些话题不想透露的话，就不要再三追问，以免引起别人的反感。

3. 不要提别人的伤心事

不要和对方提起他所受的伤害，比如他离婚了或是家人去世等。若是对方主动提起，则需表现出同情并听他诉说，但不要为了满足自己的好奇心而追问不休。

小方被男朋友欺骗后，发现自己怀孕了。最近她做了人流手术，身体虚弱，情绪也很低落，身体也消瘦下来了。同事李大姐知道后就对她说："你老是这样下去可不行啊，当心再瘦脸都没有了。”

“脸都没有了？”这话是什么意思啊？小方虽然不好开口问，但心里很不高兴，因为她忌讳别人说自己未婚先孕。

实际上，同事李大姐完全是处于关心小方才说的安慰话，然而犯了小方的忌讳，不仅没能安慰她，反而还加重了她的思想负担。

犯错误效应：偶然犯些小错误，更容易让人接近你

一般来说，完美无瑕的人往往不那么讨人喜欢；相反，那些虽然很优秀，却偶尔犯一些小错误的人则更容易赢得人们的喜爱。小小的错误反而会使有才能者的吸引力提高，这种现象在心理学上就被称为“犯错误效应”，也被形象地叫作“白璧微瑕效应”。

美国有位政治家，平生洁身自好，没有什么污点，几乎称得上是个完美的人。他在民众中享有良好的声誉，同时也引起了新闻界的兴趣。

有一次，一位记者去拜访他，目的是想去获取一些有关他的丑闻资料。然而，还来不及寒暄，这位政治家就对想质问他的记者说：“时间还充裕得很，我们可以慢慢谈。”这位记者对政治家从容不迫的态度大感意外。

不一会儿，佣人将一杯茶端上桌来，这位政治家端起茶

喝了一口，立即大声叫道：“呀！好烫啊！”茶杯随之滚落在地上。等佣人收拾好后，政治家又不小心把香烟倒着放入嘴中，从过滤嘴处点火。这时记者赶紧提醒他说：“先生，你将香烟拿反了。”政治家听到这话之后，慌忙将香烟拿正，不料却将烟灰缸碰翻在地。

平时风度翩翩、高高在上的政治家却出了一连串的洋相，使记者大感意外。而不知不觉中，原来的那种挑战情绪也消失了，甚至对政治家产生了某种亲近感。

其实，对于那些优秀的人来说，出现类似打翻茶杯、拿倒香烟等这种微小失误，不但不会影响人们对他们的好感，反而会让人们觉得他们很真诚，值得信任。假如一个人表现得完美无缺，从表面我们看不到他的任何缺点，那会让人觉得这个人不够真实，他在别人心目中的信任度也会降低。因为没有一个人是完美的，任何人都是有缺点的。

一位日本学者曾说道：“让人家看到自己的缺点或弱点，人家才会觉得你真实可信，不存虚假，从而产生亲近感。反之，如果人们不了解你的真实个性，即没有看到一个包含有缺点与弱点的你，反而会对你放心不下，对你产生戒备和警惕，从而不敢亲近你。”

貌似完美无缺的人在不经意中犯个小错误，不仅是瑕不掩瑜，反而让人觉得他和大家一样，就因为他显露出平凡的一面，而使周围的人都感觉到安全。

小李是某家大型外资企业的职员，他能力超群，为公司赢得了很多的客户，使公司获得了巨大的利润。令人匪夷所思的是，他在同事中并不受欢迎，很多人都有意无意地躲避他，甚至还有人在私底下挖苦他，叫他“机器人”。他在公司里没有一个朋友，经常独来独往，很寂寞，他不明白别人为什么要这样对待他。有一天晚上，苦闷的他独自到酒吧喝得酩酊大醉。第二天睡过了头，他急匆匆赶到公司时已经迟到了一个多小时。他以为老板会因此责怪他，同事们会瞧不起他，他甚至做好了辞职的准备。然而，令他惊奇的是，老板不但没有责备他，反而对他大加赞赏，同事们也从此开始对他笑脸相迎。他不知道，他的无心之过帮助了他，使他在人们心目中的形象丰满起来，变成了一个有血有肉的人，而不再是“机器人”。

事实证明，对于一个德才俱佳的人来说，偶尔犯一些小错误，不但不会形象受损，反而会使人们更加喜欢他。

心理学家指出，一个人偶尔犯一些小错误，至少可以达到两个目的：第一，可使人们感到他也是个普通人，因而会觉得他是比较容易相处的。试想，谁愿意和一个“完美”的人相处呢？那样只会觉得压抑、恐慌和自卑。第二，可使人们感到他的真诚和对他人的信任，因而会觉得他是可敬可爱的人。因此，如果你是一个强者，请不要过于“包装”自己，追求“锦上添花”，适当地“示弱”，适度地暴露些“瑕疵”，反而会赢得更多人喜欢。

在职场中，如果你想让同事、领导喜欢自己，就不要苛求完美无缺。你在修炼自身能力、努力成为一个强者的同时，偶尔犯下一些可以被人谅解的小错误，更易让身边的人产生亲近之感，为你赢来好人缘。

分享定律：有福同享，你才能获得更大成功

有这样一个小故事：

一个人想要探求天堂中幸福的人与地狱中不幸的人的生活状况，为此他分别来到这两个天壤之别的地方。实地参观后，他感到很吃惊。所谓享有天堂的幸福与地狱不幸的人所处的环境，竟然一模一样。他们坐在摆有同样饭菜的桌前，手举长勺，只是因为勺太长了，谁也无法用它把饭菜放到自己嘴里。然而天堂的人满脸微笑，地狱的人却一脸沮丧。地狱的人之所以愁眉苦脸，是因为他们手里的长勺用来敲击他人手中的长勺，以防他人比自己先吃到饭；而天堂里的人之所以喜笑颜开，是因为他们是用自己手中的长勺，盛满了饭先给对面的人吃。

这个故事生动地告诉世人，学会分享才能双赢，独享只会造成两败俱伤。

俗话说："有福同享，有难同当。"个人的成功需要分享，团队的成功更需要分享。一个良好的团队通力协作取得的任何成绩当然也是属于大家的，成功当然属于整个团队。就算是某个人取得了更大的成就，也千万不要忘了一起拼搏努力的其他团队成员，与他们一起分享成功的喜悦。只有分享，才能共赢。不懂得

分享的人，只能共苦不能同甘的人，最终会被大家所唾弃和不齿，被大家孤立和远离。

王强是公司的部门经理，他今年的业绩特别突出。到了年底，老板在年会上特别表扬了他，除了公司颁发的奖金外，还另外给了他一个大红包。在大会上，主持人根据公司的安排，请他谈谈内心感受。

王强接过话筒就开始说自己在这一年中怎么兢兢业业，学习了多少知识，工作能力如何提高，可就是没有提及上司对他的信任和重用，更没有感谢同事和下属的帮助与合作。大会结束后，他一溜烟地跑了，也没有邀请同事们庆祝一下。

虽然大家表面上都不说什么，但是从此他的上司开始有意刁难他，同事们也渐渐地疏远了他，下属们更是变得懒散了，还经常顶撞他。

一个月过去了，王强以前挂在脸上的春风得意的笑容没有了，他渐渐成了一个孤家寡人。

为什么会出现这种结果呢？很明显，就是因为王强不懂得与人分享荣誉。

独占易起纷争，分享才能共赢。当你在工作上或事业上取得了骄人的成绩时，你当然值得庆贺，但如果成绩是集体的功劳，你千万不要把功劳据为己有，否则你的队友会觉得你好大喜功，抢占他人的劳动成果。因此，当你工作上有特殊表现而受到肯定时，千万别忘了分享荣耀，否则这份荣耀会为你带来人际关系上的危机。你工作上有了业绩，升职了，加薪了，不妨和同事们庆祝一番，对老板说声“谢谢”，对下属的配合与支持表示真诚的感谢，甚至是对于嘲笑过你的人，也要为他们给了你前进的动力而有所感谢，让大家都感到你内心里真诚的感激而一并与你分享快乐。

林帆被老板叫到办公室去了，他领导的团队又为公司的项目开发做出了杰出贡献。送茶进去的秘书出来后告诉大家，老板正在拼命地夸林帆，她从来没见过老板那样夸一个人。研发小组的几个人脸沉了下来，纷纷说："凭什么呀！那并不是他一个人的功劳！""对呀！为了这个项目，我们连续加了17天的班！"正在这时，老板和林帆来到了大厅。"伙计们，干得好！"老板把赞赏的目光投向几个组员，"林部长向我夸赞了你们所付出的努力！听说有两个还带病加班是吗？真诚地谢谢你们！这个月你们可以拿到三倍的奖金！"老板话音刚落，几个同事就冲过去拥住林帆一起欢呼起来，并表示以后会跟着林部长，为公司继续努力工作！

我们在职场要懂得与同事"有福同享"，否则，会引起其他同事的反感，从而给自己的职业发展带来不利影响。每个人都应该记住，当你因为工作表现出色受到上级嘉奖时，你一定不能独享这份荣誉，而应该感谢周围的同事并与他们一起分享这份荣誉。这样，你才会成为职场中受欢迎的人。

竞争优势效应：合作才是王道

心理学家做过这样一个经典的实验：把参加实验的学生分成很多组，每一组是两个人，他们彼此都是在独立的空间，是分开的，不能进行商量。之后让他们每个人写下自己想要得到的钱数，如果同组的两个人写下的钱数加起来恰好是100或者小于100，那么，他们就能得到这些钱。如果他们两个人的钱数相加大于100，他们就要各付钱数一半给心理学家，比如说钱数和是140元，那么，他们每个人都必须付出70元给心理学家。

结果发现，没有任何一组实验对象写下的钱数之和小于100，所以，他们都得付钱给心理学家。

从这个实验不难看出，竞争是人类的天性。在社会心理学中，这种以竞争为先的现象被称作“竞争优势效应”。

竞争是人类与生俱来的一种天性，每个人都希望自己比别人强，谁都不能容忍自己的对手比自己强。因此，在面对利益冲突的时候，人们通常会选择竞争，即便是两败俱伤也在所不惜。就算双方有着共同的利益，人们也往往会优先选择竞争，而不是选择“合作、共赢”。但是在当今社会，这种竞争优先的做法已经不能适应社会发展的需要。用更长远的眼光来看，我们需要消除“竞争优势效应”所带来的负面影响，寻找一种能让大家都受益的生存方式，它不再是竞争，而是合作、双赢。只有合作才能实现“强强联合”，才能取双方所长促进共同事业飞跃性发展，获得更多更高的利益，实现“双赢”。

在这个世界上，任何人都不是孤立存在的，都要和周围的人发生各种各样的关系。无论你从事什么职业，也无论你处在什么地位，你始终离不开与别人的合作。一个人学会了与别人合作，就获得了打开成功之门的钥匙。

有一家跨国大公司对外招聘三名高层管理人员。九名优秀应聘者经过初试、复试，从上百人中脱颖而出，闯进了由公司董事长亲自把关的面试。

董事长看过这九个人的详细资料和初试、复试成绩后，相当满意，但他又一时不能确定聘用哪三个人。于是，董事长给他们九个人出了最后一道题。董事长把这九个人随机分成A、B、C三组，指定A组的三个人去调查男性服装市场，B组的三个人去调查女性服装市场，C组的三个人去调查老年服装市场。董事长解释说："我们录取的人是要去开发市场的，所以，你们必须对市场有敏锐的观察力。让你们调查这些行业，是想看看大家对一个新行业的认知能力。每个小组的成员务必全力以赴。"临走的时候，董事长又补充道："为避免大家盲目展开调查，我已经叫秘书准备了一份相关行业的资料，走的时候你们自己到秘书那里去取。"

两天以后，每个人都把自己的市场分析报告递到了董事长那里。董事长看完后，站起身来，走向C组的三个人，分别与之一一握手，并祝贺道："恭喜三位，你们已经被录取了！"随后，董事长看着大家疑惑的表情，哈哈一笑说："请大家找出我叫秘书给你们的资料，互相看看。"

原来，每个人得到的资料都不一样，A组的三个人得到的分别是本市男性服装市场过去、现在和将来的行情分析，其他两组的也类似。董事长说："C组的人很聪明，互相借用了对方的资料，补齐了自己的分析报告。而A、B两组的人却分别行事，抛开队友，自己做自己的，形成的市场分析报告自然不够全面。其实我出这样一个题目，主要目的是考查一下大家的团队合作意识，看看大家是否善于在工作中合作。要知道，团队合作精神才是现代企业成功的保障！"

合作才有出路。当今社会分工日益细密，仅靠个人的能力去完成一项工作几乎是不可能的。一个人最明智的选择，或者说获得成功的捷径就是与别人合作。无数事实表明，你只有善于与人合作，才能很好地完成自己手头的工作任务。

哲学家威廉·詹姆士曾经说过：“如果你能够使别人乐意和你合作，不论做任何事情，你都可以无往不胜。”合作是一种能力，更是一种艺术。唯有善于与人合作，才能获得更大的力量，争取更大的成功。

在一所破寺院中，有三个和尚相遇了。

“这所寺院为什么荒废了？”不知是谁提出的问题。

“必是和尚不虔，所以菩萨不灵。”其中一个和尚说。

“必是和尚不勤，所以庙产不修。”第二个和尚说。

“必是和尚不敬，所以香客不多。”第三个和尚说。

三人争执不休，决定留下来各尽其能，看看谁能最后获得成功。

于是，甲和尚礼佛念经，乙和尚整理庙务，丙和尚化缘讲经。寺院果然香火渐盛，恢复了往日的壮观。

“都因为我礼佛念经，所以菩萨显灵。”第一个和尚说。

“都因为我勤加管理，所以寺务周全。”第二个和尚说。

“都因为我劝世奔走，所以香客众多。”第三个和尚说。

三人争执不休，开始不事正务。渐渐地，寺院里的盛况又逐渐消失了，三个人最后也各奔东西。

实际上，寺院的荒废，既不是和尚不虔，也不是和尚不勤，更不是和尚不敬，而是三个和尚都只看到了自己的价值，而忽略了合作的力量和意义。所以，要想获得成功，我们应该学会与人合作，而不是单独行动。

拿破仑·希尔说："那些不了解努力合作的人，就如同掉进了生命的大旋涡中，他们会遭受不幸的毁灭。'适者生存'是不变的道理，对此我们可以在世界上找出许多证据。我们所说的'适者'就是有力量的人，而所谓的'力量'就是努力合作。为了获得生命的成就，我们就应该努力合作，而不是单独行动，一个人只有能够和其他人友好合作，才更容易获得成功。"合作是取得成功的重要前提，不能与他人良好合作，你就休想取得良好的工作成果。

任何一个人，要想实现自身价值，就必须与周围的人友好相处，精诚合作，实现优势互补，在良性竞争中共同发展。这就是当今时代所推崇的"双赢"，某种意义上来说，只有"双赢"才是真正的赢。

马蝇效应：感谢你的对手

"马蝇效应"来源于美国前总统林肯的一段有趣的经历：

林肯少年时和他的兄弟曾在一个农场里犁玉米地，林肯吆马，他兄弟扶犁，而那匹马很懒，慢慢腾腾，走走停停。可是突然间，马开始走得飞快。林肯感到奇怪，却找不到原因。到了地头，他发现有一只很大的马蝇叮在马身上，他就把马蝇打落了。看到马蝇被打落了，他兄弟抱怨说："哎呀，你为什么要打掉它，正是那家伙使马跑起来的嘛！"

没有马蝇叮咬，马慢慢腾腾，走走停停；有马蝇叮咬，马想甩掉它，跑得飞快。这就是马蝇效应。

马蝇效应给我们的启示是：一个人要想更好地生存和发展，就必须有一个竞争对手。因为有对手的存在，你才不敢松懈，才会努力拼搏，不断进步。

工作和生活中，许多人会犯这样的错误：诅咒和仇视自己的对手，或者庆幸自己没有遇到可怕的对手，又或者因为自己遇到了强劲对手而失魂落魄，这其实是大错特错。我们应该为自己有一个对等的对手或者是更强大的对手而庆幸，为自己遇到艰难的境遇而庆幸，因为这正是你脱颖而出的机会！

西方有这样一句谚语："感谢你的敌人吧，是他们使你变得如此坚强。"这句话说得颇有道理，因为朋友会在危难时帮你一把，而敌人或对手却能在危难时反向成就你。

在通往成功的道路上，我们需要拔刀相助的朋友，更需要势均力敌的对手。对手既是我们的挑战者，又是我们的同行者。对手给了我们无形的压力，也给了我们前进的动力。和对手对抗的力量，能让我们在较量中提升，在竞争中升华；也能让我们发挥出巨大的潜能，创造出惊人的成绩。所以，不要诅咒自己的对手，我们应该感谢他们。

在一次采访中，记者问三峡工程开发总公司总经理陆佑楣先生："在您看来三峡大坝的成功修建，最应该感谢的人是谁？"陆佑楣先生回答道："最应该感谢的是那些对三峡工程修建持反对意见的人！是他们一次次的质疑、否定，让我们对工程的可行性研究更加谨慎、更为深入，考虑的因素更加全面，方案的设计更为周密。没有他们对工程难题的种种预测，没有他们从不同角度对工程设计的看法，我们可能要走许多的弯路，甚至蒙受重大的损失。因此，我认为对三峡工程贡献最大的人，是那些时刻关注三峡工程修建并提出不同意见的人！这些能够提出反对意见的人是水利工程的专家学者，是国家建设的参与者和见证者，他们以国家主人翁的身份对三峡工程的修建提出许多宝贵的意见，从另一方面为三峡工程的建设做出了贡献。”

生活中出现竞争对手，让你经历挫折磨难，这并不是坏事，因为有时是对手让你走向成功的。对手是我们的压力，也是我们的动力。正是因为有了对手，才有了竞争，才能激发我们的斗志，使我们格外地努力，从而战胜自我，超越自我。

古罗马有句名言：“一匹马如果没有另一匹马在后面紧紧追赶并要超过它，就永远不会疾驰飞奔。”生物界因为有食物链的存在而生机勃勃。人也是一样，有对手的存在，我们才能在竞争中锤炼和壮大自己。没有对手的出现，我们就不会有紧迫感，会丧失斗志、勇气和积极向上的信心。

从事广告创意的李先生，忘我工作三年，终于赢得了上司的赏识和同事的拥戴，眼看就要成为部门主管，可以率领一个团队了。可惜，天不遂人愿，公司高层不知出于何种考虑，高薪从别处挖来一位业内精英王先生进入部门工作。而且，王先生很快就适应了公司环境，他利用原有的客户资源，在工作上有了出色表现。

公司每个人都知道，部门主管将由这两人的角逐产生。李先生更清楚，三年的奋斗和拼搏还不够，他还要面临强大的挑战。如何迎战？怎样取胜？败了，如何自处？太多问题困扰着他。

李先生经过冷静思考之后，迅速找到了自己的优势和不足，最终决定扬长避短，奋起反击。他一方面利用自己在公司里的影响力，上下协调，不断完善自己的本职工作，表现出杰出的管理才能；另一方面他主动向王先生请教，不但使双方的关系大为改观，而且使自己的业绩得到了很大提升。

最终，李先生在竞争中胜出，成为部门主管，而王先生则调到另一个部门当主管，双方皆大欢喜。在以后的工作中，两个人还成了非常好的合作伙伴。

真正迫使我们进步的，常常既不是朋友，也不是顺境，而是那些和我们针锋相对的竞争对手。从这个意义上来讲，我们的确应该对对手心存感激。

感恩对手，是因为他们的存在让我们看到了自身的不足。没有对手的追赶，我们将缺少危机意识；没有对手的比拼，我们将难以激发旺盛的斗志；没有对手的提醒，我们常常会丧失进取之心。感恩对手，是他们的存在让我们拒绝了平庸的人生。人的价值，是靠对手来证明的，所以我们应感恩对手。

海格力斯效应：用宽容化解仇恨

有一个希腊神话故事：

海格力斯是一位大力士。一天，他在走路时，看见地上有个像鼓起的袋子样的东西，很难看，海格力斯便踩了那东西一脚。谁知那东西不但没被海格力斯一脚踩破，反而膨胀起来，并成倍地加大，这激怒了海格力斯。他顺手操起一根碗口粗的木棒砸那个怪东西，没想到，那东西竟膨胀到把路也堵死了。

海格力斯奈何不了它，正在纳闷，一位圣者走到海格力斯跟前对他说："朋友，快别动它了，忘了它，离它远去吧。它叫仇恨袋，你不惹它，它便会小如当初那般；你若侵犯它，它就会膨胀起来与你敌对到底。"

故事很短很浅，却很有意义。你细思索，生活中，我们其实也会遇见这样的"仇恨袋"。对待周边的人和事，难免会有误会，如果因此而耿耿于怀，甚至因误会而心生"仇恨"，我们心中那个"仇恨袋"也会越来越膨胀，最后挡住自己前进的去路。这就是"海格力斯效应"。

海格力斯效应是一种人际互动原理，它是一种人与人之间或群体之间存在的冤冤相报、致使仇恨越来越深的社会心理效应。在职场中，如果我们深陷海格力斯效应，就无疑陷入了无休止的烦恼之中，也无法拥有良好的人际关系。因此，我们应该避免受海格力斯效应的影响，学会宽容，懂得忍耐。

人在职场，同事之间难免会由于某些问题产生矛盾，但问题的关键是你如何化解矛盾。既然大家都在一个公司，甚至一个办公室上班，就说明彼此的利益在很大程度上是一致的，所以，同事之间的矛盾并不是一种你死我活的"零和游戏"。因此，你完全可以采用宽容的态度来解决。

先让我们看看下面这个故事：

战国时期，蔺相如因卓越的外交才能而被赵惠文王拜为上卿，位列战功卓著的老将军廉颇之右。

廉颇对此相当不满，心想自己南征北战，九死一生，为赵国立下了汗马功劳，到头来反倒让只会耍嘴皮子的蔺相如占了上风，他心里不服，逢人便说遇到蔺相如一定当面羞辱一番。蔺相如知道这件事情后，不愿意和廉颇争位次先后，便处处留意避让廉颇，连上朝时也假称有病，以便回避。

有一次，蔺相如乘车外出，远远望见廉颇的车子急驶而来，急忙叫手下人将马车赶入一条小巷。手下人见廉颇得意扬扬地远去，非常气愤，以为蔺相如怕廉颇。蔺相如对他们说："连如狼似虎的秦国我都不惧怕，难道我怕廉颇将军？我们赵国到今天之所以未遭到秦国攻打，是因为武的他们怕廉颇老将军，文的怕我蔺相如啊。如果我和廉老将军不能和睦相处，冲突起来必有一伤。内讧一起，秦国就会趁机侵略赵国，将相不和而引敌来犯，我岂不成了国家的罪人？我对老将军避让，是因为我把国家安全放在前头，不计较个人恩怨。"听了蔺相如这番话，手下人大为感动，从此他们也学蔺相如的样子，对廉老将军手下处处谦让。

不久，此事传到了廉颇的耳中，他被蔺相如宽大的胸怀深深感动，更为自己的言行深感愧疚。于是他脱掉上衣，背负荆杖，亲自到蔺相如家中请罪。他沉痛地说："我是个粗陋浅薄的人，真是老糊涂了。真想不到你会对我如此宽容，惭愧啊惭愧！"

蔺相如见廉颇态度真诚，赶忙亲手解下荆杖，请他入座，两人坦诚相叙，从此誓同生死，成为至交。这就是历史上著名的"负荆请罪"。

"人非圣贤，孰能无过。"宽容是人际关系的重要原则，显示出一个人的气质和修养。只要你有一颗宽容的心，你就能用它化解一切摩擦和冲突。当你学会宽容别人时，你就是学会了宽容自己——给别人一个改过的机会，就是给自己一个更广阔的空间！

在职场中，上级刁难，同事搞鬼，下属打小报告，都会使我们的心灵受到伤害。如果我们凡事斤斤计较，争吵不休，甚至心怀恨意，长此以往，其结果只能是我们受到更深的伤害。反之，我们如果能够以宽容的胸襟包容同事的错误，驱散弥漫在彼此之间的火药味，相信与同事的合作关系将更上一层楼。

孙刚和刘翔大学毕业后，同时进入一家软件开发公司担任设计工作。因为在毕业时间、学历、技术和能力方面，两个人都差不多，无形中就成了竞争对手，孙刚对刘翔处处表现出敌意，甚至在背后说他的坏话。但是刘翔对这一切都假装不知道，见了面仍然热情客气地打招呼。

有一天临近下班的时候，因为偶然的失误，孙刚把一组急需要的数据弄丢了。这下他可急坏了，因为主管已经交代过，第二天一早，就要用这个数据去开一个重要的会议。而这个数据非常难整理，就算他一个人加班，明天也不一定能做出来。这时候，刘翔安慰他说："别着急，咱们一起重新整理吧，明天早上一定不会耽误事儿的。"

那天晚上，他们俩一直忙活到凌晨4点多，终于把数据重新整理出来。看着刘翔熬得满是血丝的眼睛，孙刚惭愧地说："对不起，以前都是我不好，不该……"刘翔没让他说下去，拍拍他的肩膀说："都过去了，就别再提了。"因为这件事情，孙刚对刘翔最初的敌视态度很快就转变成一种工作上的真诚友谊了，他还对其他同事说："刘翔宽容大度，是个值得信任的人。"

俗话说：“心胸有多宽，事业有多大。”讲的就是宽容在职场上的重要性。谦让而豁达的人总能赢得更多的朋友，同时也为自己和同事营造出良好的工作氛围。相反，那些斤斤计较的人总会引起别人的反感，最终在人际交往中使自己走向孤立无援的地步。

宽容一直受到世人的推崇。释迦牟尼说：“以恨对恨，恨永远存在；以爱对恨，恨自然消失。”对于别人因过失而伤害到我们的行为，必要的指责无可厚非，但能以博大的胸怀去宽容别人，我们的世界将会变得更加美好。如果同事间都以宽容之心对待他人之过，凡事采取宽容态度应对，那么同事间的友谊不但不会因矛盾破裂，反而会更加牢固。

宽容是获得友谊、扩大交往的基本要求。宽容不会让我们失去什么，相反会让我们真正得到，得到的不只是朋友，更是人心。学会宽容，原谅别人也是帮助自己。很多时候，我们都需要宽容，宽容不仅是给别人机会，更是为自己创造机会。宽容，能让我们更加富有人情味，也能让我们获得更多的喜悦和快乐。

总之，宽容的人总能赢得更多的朋友和机会。在职场上，如果你与自己的同事出现矛盾发生冲突，那么你应该学会宽容，对同事多一些谅解，你与同事的关系就会和睦起来。否则，你可能会走到孤立无援的地步。

螃蟹心理：忌妒是害人害己的毒药

你知道什么是“螃蟹心理”吗？你知道渔民们怎样抓螃蟹吗？渔民们把盒子的一面打开，开口冲着螃蟹，让它们爬进来，当盒子装满螃蟹后，将开口关上。盒子有底，但是没有盖子。本来螃蟹可以很容易地从盒子里爬出来跑掉，但是由于螃蟹互相拆台，结果一只都不能跑掉。原来当一只螃蟹开始往上爬的时候，其他螃蟹就会把它拉下来，最终一只也没有爬出去，都成了餐桌上的美味佳肴。

自然界的动物尚且如此，更何况人呢？如果一个人被忌妒情绪所左右，那么他就会从此生活在阴暗的角落里，不能在阳光下光明磊落地说话做事。面对别人的成功或优势，他会咬牙切齿，恨得心痛。一个人有了这种不健康的情感，就等于在自己的心灵里播下了失败的种子。

在职场中，同事之间，既是合作者，又是竞争者，因此同事之间很容易产生忌妒心理，这是同事之间友好相处的大忌。有人说："忌妒是对别人幸运的一种厌烦。"从这句话中，我们能看出，忌妒是有明显对抗性的，这种对抗性会表现为攻击行为，攻击的目的就是要颠覆别人的"幸运"。生活中，爱忌妒的人常常会诋毁别人的成绩，还会怨恨自己的无能，心中充满唯恐被别人超越的苦恼，身心备受煎熬。忌妒心强的人还会惹是生非，拆人家的台，给人家处处出难题、使绊子。同时忌妒心也会使人变得消沉，内心充满仇恨，那么他距离成功也就越来越远了。

王某是某大学副校长，国家某重点实验室副主任、博士生导师，拥有教育部"长江学者"创新团队带头人、国家新世纪百千万人才等多个头衔。但近年来，纪检监察机关多次接到涉及王某的匿名举报，举报的时间点多为王某获奖公示、提拔推荐等关键时期，内容多为反映王某贪污科研经费、论文抄袭等问题，并称王某与其多名女学生有不正当男女关系。

经纪委监委调查，举报信反映内容均不属实。同时，纪委监委在调查中发现，绝大多数匿名举报信均系从该高校附近的邮局发出，且从举报信内容和相关字迹判断，有可能是同一人所为。纪委监委依法提请有关机关进行技术侦查后发现，所有匿名举报信均为王某所在实验室的另一名副主任李某所为。

后经进一步查实，李某因与王某存在学术分歧，且对王某占有大量资源一直、心怀妒忌不满，并逐渐产生怨恨，遂多次捏造事实，以匿名虚假举报的方式对王某进行报复。针对此情况，纪委监委在查实李某诬告陷害王某事实的基础上，依纪依法对李某进行了严肃处理。

在这个事例中，李某因捏造事实，虚假举报，受到了法律制裁。造成这个悲惨结局的罪魁祸首是什么呢？不言而喻，那便是忌妒。

实际上，每个人都有自己的优点和缺点，我们完全没有必要因为别人在某一方面超过自己而心理失衡，甚至妒火中烧，我们应该通过工作中的表现来展示自己的才能，与同事展开公平的竞争。如果使自己陷入忌妒的深渊，而失去了前行的动力，甚至做出自毁前程的事情，就真的是得不偿失了。

忌妒总是来自自我与他人的比较，如果没有比较，就没有忌妒。俗话说："忌妒是不懂休息的。"忌妒是万恶的根源，是美德的窃贼。越是忌妒别人，就越容易消磨自己的斗志和锐气，越会陷入无止境的叹息，使自己的人生之舟搁浅在嫉贤妒能的荒滩上。

培根说："每一个埋头沉入自己事业的人，是没有工夫去忌妒别人的。"换言之，凡是产生忌妒心理和行为的人，是没有把心思“埋头沉入自己事业的人”。

忌妒产生的原因，大多是由于自知不足，比不上别人，这本身就是一个促进自己转变的好契机。“知耻近乎勇”，知道自己不足，努力加以弥补，这才是积极的态度。但如果人与人之间由于忌妒而你整我，我整你，那么冤冤相报，何时能了？而且，喜欢忌妒别人的人自己的日子也不好过。每天忌妒别人，自己心里也烦恼，总是觉得别人比自己高明，为此自己的心情又无法平静，由忌妒转为想算计别人。

诺贝尔文学奖获得者伯特兰·罗素谈到忌妒时说：“忌妒尽管是一种罪恶，它的作用尽管可怕，但并非完全是一个恶魔。它的一部分是一种英雄式的痛苦的表现；人们在黑夜里盲目地摸索，也许走向一个更好的归宿，也许只是走向死亡与毁灭。要摆脱这种绝望，寻找康庄大道，文明人必须像他已经扩展了他的大脑一样，扩展他的心胸。他必须学会超越自我，在超越自我的过程中，学得像宇宙万物那样逍遥自在。”在职场中，当你发现你正隐隐地忌妒一个各方面都比自己能干的同事的时候，你不妨反省一下自己是否在某些方面有所欠缺。在你得出明确的结论后，你会大受启示。你不妨就借忌妒心理的强烈超越意识去发奋努力，升华这种忌妒之情，以此建立强大的自意识来增强竞争的信心。这样，不但可以克服自己的忌妒心理，而且可以使自己免受或少受忌妒的伤害，同时还可以取得事业上的成功，又可以感受到生活的愉悦。

总之，如同钢铁被铁锈腐蚀一样，人很容易被忌妒折磨得遍体鳞伤。我们要时刻提防它对我们心灵的腐蚀，远离它，从而获得内心的自由与超脱。

诙谐效应：幽默是最生动的语言

在心理学中，“诙谐效应”是一种防御机制。它指一个人处于困难和尴尬境地时，可以运用一些诙谐的手法来自我解脱，摆脱尴尬的境地，营造出和谐美好的气氛，从而与他人建立友好的关系。无论我们从事何种职业，如果能运用恰如其分的幽默就能帮助我们在人际交往中如鱼得水。

在职场中，我们有成功的欢乐，也有进取的振奋；有晋职的喜悦，也有加薪的愉快。但有时也难免人际关系不协调，上下左右不相容。运用幽默，有助于让我们的工作一帆风顺，卓有成效。

逼近年关，某公司开始紧张地赶货。几乎所有的员工都加班加点地工作了30多天，一个个感到异常疲惫。这种前所未有的工作压力甚至让一些体质较弱的员工出现昏厥现象。

一次，晚班开始后十多分钟，员工小董才匆匆忙忙地赶回来，并将一箱牛奶分发给同事们。原来，他见同事们工作太辛苦，于是自掏腰包买了牛奶让大家提提精神。

这时候，有人冲他打趣地说道：“刚才一直没见着你回来，我们还以为你去幽会了呢？”

“幽会？”小董故作懵懂，指着牛奶幽默地说，“没有‘优惠’，都是原价，不打折的。”同事们被他傻乎乎的样子逗得哈哈大笑起来，笑完以百倍的精神投入了工作。

在通常情况下，真正精于谈话艺术的人，其实既善于引导话题，同时又善于使无意义的谈话转变得风趣幽默。这种人在职场上往往如鱼得水、左右逢源，可算是谈话中的幽默大师。

幽默感在各种各样的场合中发挥着不可估量的作用。幽默之人能够用自身的机智、自嘲、调侃和风趣给人们带来欢乐，有助于消除敌意，缓解摩擦，防止矛盾升级。因此，你要是懂得幽默的人，就更容易给工作环境带来轻松和快乐，从而使同事和领导都更喜欢你，使你成为职场上受欢迎的人。

两位保险公司的业务员正在争相夸耀自己的公司付款有多快。第一位业务员说："我们公司十次有九次是在意外发生当天，就把支票送到投保人手里的。"

"这算什么！"另一位业务员说，"我们公司的办公大楼一共有40层，我们在23层。有一天，我们的一位投保人从楼顶跳了下来，当他经过23楼的时候，我们就把支票交给他了。"

看似互相调侃的笑话，体现出保险行业竞争压力之大，而两位业务员都能幽默以对，实属难得。

幽默感能够减轻工作的压力，使自己以轻松愉悦的心情面对工作中的问题，也可以调剂工作的枯燥乏味，同时还可以拉近同事之间的距离，增进互相了解，从而凝聚整个团队，提高效率。

没有人会拒绝幽默，因为它是一种高层次的人生享受。在职场中我们合理利用幽默的言辞，不但能够增进同事之间的感情，更可避免敏感问题造成的职场尴尬。善用幽默的人可以轻松营造活泼愉悦的工作环境，给人留下极佳的个人印象。

程亮工作很努力，但有一天突发肠炎，请假一天。第二天去上班的时候，他突然遇到一件比较棘手的工作，就忍受着隐隐的腹痛留下来加班。没想到上级领导却认为他前一天是在装病，还在和别的科室领导聊天时说了出来。恰好，程亮有一位关系不错的同事听到了转告给了他。没想到几天以后，肠炎又犯了，程亮捂着肚子去找上级领导请假，愁眉苦脸地说：“经理，我头痛，想请一天假。”领导不解地问：“你明明捂着肚子，为什么说头痛呢？”程亮故作可怜地说：“上次我说肚子痛，你说是装的，那这次我只好说头痛了。”说完两人对视着哈哈大笑起来，程亮一句玩笑话便轻松化解了领导的误解。

幽默的语言可以营造出一种诙谐的情趣，使人在笑意中有所领悟，将不能明说的话幽默地说出来，消除人与人之间的误会，打开双方的心门。

幽默感可以使一个人脱颖而出，展现独特的人格魅力。具有幽默感的人，总可以用独特的视角看出事物意想不到的另一面，触发另一种玄机，引起高一层次的思考。与此同时，他便成为人群中熠熠发光的魅力之星。

据统计，那些在工作中取得成就的人，并非都是最勤奋的人，而大多是善于理解他人、有幽默感的人。具有幽默感的人，相当于拥有一种出类拔萃的工作能力，他们能自信地运用这种力量，为自己的晋升增添有分量的砝码。

幽默感可以转变人的消极情绪，令沮丧与痛苦不复存在，甚至成为展现自身魅力与风采的大好时机。具有幽默感的人，每天都会生活在自己创造的活泼氛围中，很多外人看来无法逾越的关系障碍，却被他们轻松地跨了过去。幽默感会在同事之间营造和谐友好的氛围，让工作成为快乐的事情。

某公司的一名职员被外调至分公司服务。决定人事变动的经理以安慰的口吻对他说："喂！你也用不着太气馁，不久以后，我们还是会把你调回总公司来。"

那名被外调的职员以第三者旁观的口气，毫不在乎地说道："哪里？我才不会气馁呢！我只不过觉得我此时的心情像极了董事长退休时的心情而已。"

这才是一个能做精神上深呼吸的人，面对外调，他不气馁，他懂得靠幽默来调节自己，从而能够使自己以良好的心态投入到新的工作中去。面对工作中的困难，我们除了要调节好自己的心态外，还可以通过运用幽默与人分享欢笑，寻找一个共同的放松方式，来帮助我们在工作中取得他人的支持，从而摆脱工作困境。

幽默是一种智慧，体现着聪颖和机敏。在工作中，运用一些适当的、高品位的幽默，可以活跃气氛、振奋精神、缓解压力。因此，要想笑着、轻松地工作，你不妨试一下幽默的力量，常与领导或者同事用幽默的言语调侃一下生活，让开心的笑声驱散身心的疲惫，放松一下，你会感到幽默是一种难得的惬意和快乐。

第六章

对待上司：
搞定上司的心理策略

留面子效应：
给领导足够的“面子”，你才能不断进步

俗话说：“饿死事小，面子事大。”这句话说出了人性的一大特点：爱面子。可是我们不能只爱自己的面子，而不给他人留面子。面子是一个人的尊严，很多人都会认为利益可以失去，但面子不能失去，面子问题是头等大事。因此，我们要学会为他人保留面子。

战国时期，各诸侯国互相征战，老百姓不得太平，如果再加上天灾，老百姓就没法活了。这一年，齐国大旱，一连三个月没下雨，田地干裂，庄稼全死了。穷人吃完了树叶吃树皮，吃完了草苗吃草根，眼看着一个个都要被饿死了。

有一位名叫黔敖的财主在大路旁摆上一些食物，等着饿肚子的穷人经过，施舍给他们。一天，有一个瘦骨嶙峋的饥民走过来，头发乱蓬蓬的，衣衫褴褛，一双破烂不堪的鞋子用草绳绑在脚上。他一边用破旧的衣袖遮住面孔，一边摇摇晃晃地往前走，一看就是几天没吃东西了。黔敖便左手拿起食物，右手端起汤，傲慢地吆喝道：“喂！来吃吧！”那个饿汉抬起头轻蔑地瞪了他一眼，说道：“我就是因为不吃这种‘嗟来之食’才饿成这个样子的。”黔敖也觉得自己做得有点过分，便向饿汉赔礼道歉，但那饿汉为了维护自己的尊严，拒绝了“嗟来之食”，最终饿死于路旁。

黔敖本来是出于一片好心，来资助那些需要帮助的人，结果他丝毫没有意识到他的态度很让人没有面子，结果别人宁愿饿死，也不愿吃这些“嗟来之食”。由此可知面子在人们心中的位置之高。

在一个组织或企业里，一个人的地位越高，他的面子似乎就显得越重要。所以，领导比员工更看重自己的脸面。毕竟领导是一个团队的核心，有着下属所没有的威严和权威。领导十分注意自己在公开场合的形象是正面的，而作为下属的我们更要顾及领导的面子，尤其是在公共场合。

薛荣为人干练，业务能力出众，在工作中风风火火的性格很得领导喜爱，但她经常不顾场合的直言直语也让老板有些头疼。

一次全公司业务代表大会上，薛荣以全公司业务头名的好成绩得到了董事长的嘉奖。随后，薛荣的部门经理做总结发言，在说到完成业务量的具体数值时，出现了很大的差错。部门里的每个人都听出来了，但经理没有发觉，依旧高兴地说着。因为这些数值是薛荣心中的骄傲，早就背得滚瓜烂熟，一听经理说错了，就有些着急。她看到周围的同事都有些惊愕的眼神，便知道自己的判断没有错，于是马上站起身，略带激动地大声说道：“经理，业务总量错了。”正说得高兴的经理突然被打断，董事长也吃了一惊。经理尴尬地更正了过来，然后有些生气地继续说下去。

在回公司的路上，同事对薛荣说：“你刚才不应该说的，你没发现董事长一点儿都没有听出来吗？”薛荣不以为然：“难道要将错就错呀？其他部门的人听了不是会觉得很奇怪吗？那么低的业务量还是第一名？”第二年，公司改选，业务能力最强的薛荣落选了，但公司中的每一个人都没有意外的感觉。

当面指出领导的错误无异于让领导难堪，尤其还在董事长面前，为这样一个根本不值得争论的问题顶撞领导的薛荣当然不会得到领导的赏识了。

在某些领导的眼里，如果下属在公开场合使自己下不了台，丢了面子，那么这个下属肯定是对自己抱有敌意或成见，甚至有可能是有组织、有预谋地公开发难。在公开场合不给领导留面子，很大可能会导致某些领导要么以牙还牙，通过行使权威来找回面子，要么怀恨在心，以秋后算账的方式慢慢报复。这种结果，自然是下属在提出批评和意见时所不愿看到的。

所以，下属在公共场合给领导提意见时，一定要注意给领导留有面子。只注重所提意见的初衷和合理性，而不考虑其实际效果，这样的劝谏只能给下属带来灾祸。

刘鑫是某电子公司的车间主任，之前事业蒸蒸日上、顺风顺水。但有一次因不小心顶撞了上司，让她一直后悔不已。

原来一个周三上午，由于电子原材料没有到位，导致刘鑫所在的车间的生产流水线停工。当她咨询过物料部门，得知原材料最快也要到晚上才能到时，她认为近来员工天天加班，都挺辛苦的，于是就宣布留下几个人清理车间，其余人全部下班。

就在刘鑫宣布下班后不久，她的顶头上司来了。于是刘鑫向上司汇报了她对车间的安排。上司听完后，不分青红皂白地否定说：“不行，其他员工不能下班，没事情做，在车间玩也可以。”然后他又命令刘鑫应该如何如何。

刘鑫向上司解释说：“近来员工天天加班，都挺辛苦的。况且原料没有到位，让他们休息一下也好。”

这时，上司立即严肃起来，用一种不容商议的口气命令刘鑫，必须按他的要求去做。刘鑫认为上司的指示没有一点道理，况且她已经宣布下班了，上司也没有尊重她的意见。于是刘鑫据理力争，难以自控地与上司激烈地争吵起来，双方都暴跳如雷。最后刘鑫气愤地对上司说：“既然你那么坚持，那你就让他们按你说的去做吧，我不想这样做。”说完她就离开了车间。

这件事之后，刘鑫依然像以前一样忙碌，而她的上司也没有再说什么。慢慢地，她就把这事给忘了。可是每次同事获得加薪或晋升都轮不到刘鑫，每个月的绩效考核刘鑫总排在最后，而每次公司发奖金时刘鑫都靠边站。

最后，刘鑫不得不选择了辞职。离开公司的那天，她的内心很平静，波澜不惊地跟上司谈了自己的想法和原因，然后客气地相互祝愿。但临走的一刻，她还是忍不住问上司：“我一次次地晋升无望，是不是因为那件事？”上司先是摇了摇头，然后又肯定地点了点头，并意味深长地说：“你要记住，没有哪个上司愿意被下属当众顶撞，哪怕是只有一次！”

当众顶撞领导是对其优越感和尊严的挑战，势必会引起领导难堪，让他在下属面前颜面扫地。这一举动无异于为自己以后在公司中的发展制造了障碍，阻断了自己前进的路。要知道，领导是比一般人都要看重自己的面子的。而我们要做的就是不要当面顶撞，维护领导的权威。

领导是一个单位或部门的领头人物，他们为了能够更好地完成工作，需要在下属面前树立自己的威信和权威。但是人无完人，领导也有犯错误的时候，面对领导的错误，我们要做的是正确看待，维护领导的权威和尊严，保护领导的面子。和领导反馈问题时注意自己的语言和措辞，时刻给领导留有面子，这样才能够和领导很好地沟通，从而得到领导的重视。

给领导留面子，是与领导相处的原则。如果你不给领导留面子，领导也很难认可你的意见，即使你的意见是正确的。

作为一名在职场中苦苦打拼的普通人，要用自己敏锐的感性思维去观察分析，照顾好领导的面子，切不可“太岁头上动土”，使自己陷入尴尬境地。

换位思考：站在领导立场上想问题

“换位思考”是指站在对方的立场上理解对方的想法、感受，从对方的立场来看事情，以对方的心境来思考问题。通过换位思考，设身处地地理解别人，让对方感到自己被尊重，从而愿意与我们交流和沟通。

换位思考在人际交往中是非常重要的，因为不了解对方的立场、感受及想法，我们就无法正确地思考与回应。对此，美国前总统林肯曾这样说，“我会用三分之一的时间来思考自己要说的话，花三分之二的时间来思考对方以及他会说什么话。”

在一个团队或组织里，领导和下属所处位置的不同，必然会导致双方在思想、行为上的不统一。有些人经常会因为意见分歧，而与领导产生隔阂，甚至导致不可调和的矛盾。这样的人最后不是负气走人，就是被解雇。同一件事情，由于考虑的出发点不同，自然会产生不同的看法。

在工作中，由于领导和下属各自所承担的风险和责任不同，导致两者的地位不对等，这是不可改变的事实。就下属来说，其最大风险是失去工作，但可以另谋高就；而就领导来说，其最大的风险是公司破产或组织消亡。两者的代价往往是不可同日而语的。所以，从某种意义上讲，下属应该体谅领导——领导并不容易！

我们常说要体谅下属的难处，很少有人说要体谅领导的难处。因为在人们的观念中，领导就是权力的象征，拥有权力的人难道还能有难处吗？权力带给领导的好处确实毋庸赘言：大到组织的决策，小到工作的琐事，无不体现着权力的威严。但事实上，领导也有一些下属所没有遇到过的困难。

当你站在领导的角度看问题时，你就会发现领导并不是组织内权力最大，做事最少，可有可无的人，领导和我们一样，也在为组织的发展辛苦地忙碌着。“领导”这两个字不仅代表着风光与荣耀，也意味着责任与风险。当你在为组织辛苦奔波，挥汗如雨的时候，领导也在为规划组织远景、制定发展战略、选入用人等问题苦苦思索，竭尽全力。

与领导相处也一样，如果你设身处地地为领导着想，站在领导的角度看问题，许多矛盾就会迎刃而解。譬如了解领导喜欢怎样的下属，需要怎样的工作态度、能力水平、性格脾气等。当你了解了领导的工作方式、领导风格、价值标准，然后再进行针对性的沟通，这样就很容易与领导相处融洽。例如有的领导注重结果，你汇报工作时就不要事无巨细地汇报，只要把结果告诉他就行了；而有的领导则注重控制管理，那你汇报时不要“粗枝大叶”，最好做到把工作的前因后果说清。

郑强为人低调，对工作却很认真，经常为了某个设计稿加班到很晚。公司有个不成文的规定，不提倡加班，自愿加班的一律没有加班费。一位同事知道了郑强已经连续加了一个月的班，建议他申请一些“加班补贴”。郑强说：“公司现在刚成立不久，大家的工资都不高，连咱们的电脑都是二手的，领导压力也很大，就不用去给他添麻烦了。我已经习惯了，没关系，做不好也睡不踏实。”恰好领导在不远处听到了，随即把郑强叫进了他的办公室。

领导有些感动地说：“你已经连续加了一个月的班了呀？工作太多怎么不跟我讲呢？给你开一些加班费吧。”郑强说：“没有关系的，公司现在刚起步，您更不容易，我辛苦一些没事的。”领导感动地点点头，让郑强出去了。

第二年，公司成立了一个新部门，领导直接指派郑强出任部门经理，并将他部门的电脑都换成了配置最高的品牌机。

当你完全站在领导的角度考虑问题的时候，你便会得到领导最大的信任。当你切身体会领导的难处、感受领导的苦衷、说出理解的话语时，领导自然会为你宽大的胸襟所感动。最后你会发现，因为你拥有的这一份“同理心”，你收获了丰厚的“回馈”。

在与领导相处中，运用换位思考，能使领导感受到你对他的尊敬。一般人只会在自己的立场上与领导纠缠对错原因，怎么也想不通领导的意见为什么会有道理。其实，只有站在领导的角度看问题，你才会更容易认清现实，接受领导的意见，而不至于与领导“为敌”。所以，遇到事情要先分析事因，再换位思考，多体谅、多理解、多包容。

李楠到公司上班的第一天，同事们就争着向她介绍主管的各种毛病，让她在还没见到主管之前，主观上就已经受到了同事的影响。

果然，主管在李楠上班后半个小时才出现，并让她去他的办公室。当李楠忐忑不安地来到主管的办公室之后，主管只是简单地交代了一下她的工作内容。不过在李楠已经形成的坏印象的影响下，主管的每一个字听起来都非常严肃、可怕。在以后的很长一段时间里，李楠一直小心翼翼地工作，生怕自己一不小心得罪了这位喜怒无常的主管。

有一天下班时，李楠发现自己的车出了毛病，刚好碰到正要离开公司的主管。主管主动上前邀请李楠搭自己的便车回去。两人在车上的简单交谈改变了李楠对主管的看法。原来，主管每天迟到半小时是因为要先到总部去了解一天的工作计划。而他言语冷酷，是因为这个部门有好多年轻人，有时候说话不得不严肃一点。最后主管问李楠：“如果你是主管，你会怎样做呢？”

李楠仔细地想了想，最后她笑了。自己如果做主管，可能会得到比他更糟糕的评价。

从这件事之后，不管是什么事情，李楠都学会了先从对方的角度着想。结果发现原来很糟的事情也变得可以理解了。李楠也因为善解人意获得了同事和主管的友善与信任。

在与领导沟通的过程中，学会换位思考是十分重要的。每个人在工作的时候，都会或多或少遇到一些令自己不开心的事情而造成与领导之间的矛盾，进而还可能会出现激发彼此冲突的举动。这样做既影响了自己的心情，又给自己增添了一个敌人，更会影响到工作的进展情况。如果我们能站在对方的角度去考虑，理解他的做法，彼此之间就不会出现冲突。当你去理解领导的时候，他也会回敬给你以理解。彼此都互相理解，不仅能增进彼此的感情，还能令周围的一切变得更加温馨、更加美好！

换位思考的前提是相互理解，只有在理解对方的基础上，才能更好地掌握其思路。如果你想得到领导的理解，必须先理解领导；如果你想让领导站在你的角度接受你的意见，你必须站在领导的立场考虑问题并提出意见。你需要让领导知道，你这样做完全是为他着想，这样一来，领导就会为你的理解而感动，感动之余便会站在你的角度去了解你的想法和意见。

总之，在与领导沟通的过程中，如果你能恰当地运用换位思考的技巧，许多问题就可以迎刃而解了。

比林定律：和领导说“不”是一门技术活

人这一生中的麻烦有一半是因为太快说“是”或者太慢说“不”造成的。这是由美国作家比林提出的，因此被称为“比林定律”。这个定律告诉我们：在说话时，既不能过于急躁地回答，也不要长时间地犹豫不决，而是要认真思考，果断地说出自己的想法，该说“不”时，绝不说“是”。

拒绝是一门做人的学问，也是一门处世的艺术。有一句经典的电影台词：“要想不被别人拒绝，你最好先拒绝别人。”这就告诉我们，如果我们想在交往中获得主动权，首先要学会拒绝。

要知道一味地逢迎、妥协、逆来顺受并不会得到别人的尊重，反而会让别人看轻。

但是，对很多人来说，大声地说“不”不是一件那么容易的事情，因为这可能意味着一次拒绝，甚至伤害了对方的自尊心。更何况是在职场中对领导说“不”，那就更不容易了，因为这不仅需要莫大的勇气和心理素质，而且还需要一定的技巧和方法。

李娜自进入职场就勤恳踏实地做事，工作任劳任怨。工作三年，李娜的表现获得了老板的认可。“什么事情交给李娜我就放心了。”这是老板常挂在嘴边的话。

开始时李娜很高兴，但时间一天天过去，交给她的任务越来越多。“李娜，这个方案你盯一下。”“李娜，这个客户恐怕只有你能对付。”“李娜，广州的那个项目人手不够，你顶一下。”……老板为某事抓狂时，必会打开办公室门大叫李娜。

李娜手里的事情多到了加班加点也做不完，可周围很多同事闲得两眼发呆，薪水却并不比她少。李娜想，也许再忍忍就会有升职的机会，然而机会一次次走到她跟前就拐了弯。后来，李娜得知，关于她升职的事在人事会议上讨论过多次，每次都被老板挡了，说什么李娜虽然业务能力不错，但管理能力不足，需要再锻炼锻炼。

李娜很气恼，回家跟爱人抱怨。爱人居然说：“如果我是你们老板也不会升你的职，一个不懂拒绝的人怎么去管理别人？”李娜仔细想想，竟有几分道理。

老板再次给李娜加工作量时，她终于鼓足勇气说：“我手里有五个大项目，十个小项目，我担心时间安排不过来。”老板的脸立刻拉长了，好像非常失望：“可是，这个项目只有你去做我才放心。”“那好吧，我赶一赶。”说完这句话，李娜恨不得咬掉自己的舌头。

她看到老板拉下来的脸，一个大胆的念头突然冒了出来。李娜轻描淡写地说：“不过，要按期保质完成，我需要几个帮手。”老板惊讶地看着她，终于笑着说：“我考虑一下。”

李娜知道，如果老板答应给自己派助手，就相当于让自己变相升职；如果他不答应这个条件，也就不好把新任务硬塞给自己。所以无论怎样都是对自己有利的。

事情正如李娜想的那样，老板再没提加新任务的事，还破天荒地经常跑来关心李娜的工作进展，并叮嘱她有困难就提出来，别累坏了身体等。

适当而巧妙地拒绝领导的不合理要求，胜过被动地接受，这可以有效地避免因此带来的不良后果。

拒绝领导是一门学问。有时候我们很想拒绝领导，但碍于情面只好点了头，结果招揽来越来越多的工作，累得自己筋疲力尽；有时候我们害怕领导对自己有负面的想法，所以我们又点了头，结果事情超出了自己的能力所限，事情没办好，还是给领导留下了不好的印象，所以，学好“拒绝”这门课程，在职场中非常重要。只要我们掌握了一些基本的原则和技巧，拒绝领导也并不是一件十分为难的事。

下面介绍几种拒绝的方式。

1. 主动透露实情

有些时候，在拒绝对方的某些要求或请求时，我们需要开诚布公，主动透露实情。如果你不敢明确说出事实，表明态度，而是采取模棱两可的说法，就可能让对方摸不清你的真正意思，产生许多不必要的误会，这就容易导致彼此关系的破裂。相反，如果你表明立场，主动说出实情，对方就会明白你的用意。特别是当你的上级领导要求你去做某些事，而你又不想做的时候，你可以如实相告，这样一来，他也会理解你的难处，进而取消对你的要求。

2. 幽默拒绝

在面对领导的要求时，如果自己不情愿去做，那么如何拒绝才能既不会伤到和气，又能达到成功拒绝领导的目的？这时，我们不妨转换一下思维，运用幽默的说法，巧妙地向领导表达自己的拒绝之意，这样既能成功推掉自己不想做的事，又不会伤害领导的自尊。

3. 自嘲拒绝

面对领导的一些请求，不愿接受时，可以用自我贬低的方法或者在玩笑的氛围中拒绝他，不仅维护了领导的面子，也使自己全身而退。比如，领导周末想邀你一起去打高尔夫球，你就可以说："领导，咱俩相处这么久了，说出来不怕您笑话，高尔夫球我学了快一年了，还一直打得不像样，您看了都会觉得扫兴。为了不影响您的兴致，我还是不去为好。"又比如，在公司聚会的时候，你确实不会喝酒，你可以说："我是爸妈的乖女儿，家里面这方面要求又比较严，要是喝了酒，那回去后肯定会被我妈骂死，领导您就饶了我吧。"

4. 分析利弊拒绝

在领导对我们有所请求时，如果确有困难，但为了不伤害领导，我们可以站在对方的位置思考问题，帮助其分析利弊得失，然后以维护对方利益为出发点，提醒对方如果真这样做会对其带来什么样的危害。领导在领悟之后，便能心平气和地接受我们的意见，撤回自己的请求。

总之，拒绝不仅是一种策略，也是一门艺术。面对领导的不合理要求，拒绝是最佳的选择。其关键是要选择一种巧妙的拒绝方式，在不伤及领导自尊的情况下，让领导觉察到自己“要求”的不合理性，从而自觉放弃自己的过分要求。

马斯洛效应：尊重你的领导

“马斯洛效应”，又称“马斯洛需求层次理论”，是由美国心理学家亚伯拉罕·马斯洛提出。文中将人类需求像阶梯一样从低到高按层次分为五种，分别是：生理需求、安全需求、社交需求、尊重需求和自我实现需求。

其中，尊重需求属于较高层次的需求，它既包括对成就或自我价值的个人感觉，也包括他人对自己的认可与尊重。马斯洛认为，尊重需求得到满足，能使人对自己充满信心，对社会怀有满腔热情，体验到自己活着的价值。

任何人都有自尊和被人尊重的需要。如果你不能满足他人的这种最基本、最简单的需要，那么他人肯定不愿意与你相处。在职场中，身处高位的领导更是如此。因为他是领导，所以就会想要下属尊重他。领导从你这里得到了尊重，才能对你有好印象，才有可能信任你。

对领导的尊重，主要是内心的敬重，它来源于思想上的一致、情感上的共鸣以及对领导言行、品格、作风和处事方式的高度认可。对领导的真正尊重，传递的是人与人之间心领神会的沟通和理解，反映的是同志式的、融洽的人际关系，这种尊重以由衷的钦佩为前提。同样，在职场中与领导沟通交流时，不论怎样，尊重都应该是第一位的。

实际上，没有特殊原因的话，没有哪个下属不想尊重领导。可是，有时候你还是会不经意间让领导觉得不受尊重。给领导留下这样的印象，领导对你的评价就会大打折扣了，与之相关的诸如“傲慢”“狂妄”等贬义的字眼就会落到你头上。这样的评价势必对你的职场发展产生不良的影响，往往会在关键时刻毁掉你唾手可得的机会。

张浩是一所名牌大学的高才生，一进公司就被列为重点培养对象。他对工作也充满了激情，经常自觉到公司加班攻克技术难题，并做出了让人刮目相看的成绩。他的同事都认为，张浩是年轻员工中最有可能得到晋升的一个。

一次，主管给张浩安排任务，让他画一份统计图表。这项工作一般是由另一个同事做的，但是那人请假了。张浩认为，这样无关紧要的工作，怎么也轮不到让他去做，便满不在乎地说：“我以为是什么技术难题呢！等我忙完手头上的活再干吧。”于是他勉强地接受了任务，但是没有立即着手去完成。后来主管催了一次，他才把图表草草完成。

年底，公司人事调整，原本被看好的张浩并没有获得晋升。原来是主管认为张浩“狂妄、轻浮、傲慢”。

张浩感到很委屈，同事也觉得这样评价张浩是不公正的，但没办法，张浩为自己的漫不经心付出了代价。

在组织或部门中，纵然有一些人比领导者能力强，但是他处在这个领导岗位，你就应该尊重他，如果你总是在言谈中表现不屑的姿态，无疑就会吃到苦果。

尊重是最基本的礼仪。与领导说话的时候，一定要注意维护其身为管理阶层的权威，言谈之间让领导感觉到你的尊重。如果说话的时候体现不出自己的尊重，会让领导觉得你傲慢无礼，对你产生不好的印象，想赢得领导的信任和提拔往往就不容易了。

不尊重自己的领导，或者说冒犯领导的权威，实际上就是在和自己过不去。很多时候，才干和成绩只是提拔晋升中的次要因素，与领导的关系往往是决定性因素。

树立领导的权威，维护领导的形象，最重要的是下属要尊重领导，要打心眼里爱戴自己的领导。它来源于思想上的一致、情感上的共鸣以及对领导言行、品格、作风和处事方式的高度认可。

有些下属在发现领导是平庸之辈时，便采取敷衍应付的态度，这样终究会影响双方关系和个人前途。因此，对拙劣的领导也应采取应有的尊重态度。

无论多么平庸的领导，终归是一个组织中的核心人物，维护他的权威和形象，实际上也就是维护了整个组织的凝聚力和形象。你与他作对，就是拿自己的前途开玩笑。

袁瑛正在忙着核对客户资料，这时，上司过来问她："小王呢？"袁瑛随口答了一句："不知道。"上司被她的态度惹恼了："不知道？他就坐在你对面，你都不知道他在干什么，你还能知道什么？"袁瑛也生了气："我两只眼睛都在材料上，哪有多余的眼睛关注别人在做什么啊？你要是想找他，直接打他的电话不就好了！"上司被气得满脸通红，一句话没说就走了。

之后，袁瑛和上司之间的气氛就一直不自然。后来，袁瑛被调到了下属分公司，她这才意识到对上司不尊敬的严重后果。

在工作中，身为下属最忌讳的就是当面冲撞领导，挑战权威。因此，不管你的领导平时多么平易近人、和蔼可亲，哪怕整天嘻嘻哈哈，你也绝不可放松警惕。如果你有一次扫了他的面子，让他心里不舒服，总有一天他也会让你不舒服。每个领导都希望下属尊重、敬爱自己，因为只有这样，他才有权威感和优越感。

真正“尊重领导”，就要端正态度，做到尊敬不怠慢，重视不轻视，积极不消极；就要严谨细致，关注细节，用心用力；就要把握角色定位，不“抢镜头”“帮倒忙”，尽到分内应负之责；就要注意方法，说真话，报实情，不巧言令色，不阳奉阴违；就要事前摸底调研，事中积极落实安排、发现问题及时补救，事后认真总结、举一反三；就要表里如一，不说损害领导形象的话，不做影响领导威信的事。

当然，尊重不是无原则地讨好、献媚，奉承会让领导放松自律之念，滋生骄傲情绪，也会让整个集体弥漫着一股不正之风。当领导有这样或那样的不足时，要掌握分寸巧妙地提醒、善意地规劝。做一个好的下属，对领导应该是敬而不谀。

毛毛虫效应：服从不等于盲从

法国心理学家约翰·法伯曾经做过一个著名的实验，称之为“毛毛虫实验”：把许多毛毛虫放在一个花盆的边缘上，使其首尾相接，围成一圈，在花盆周围不远的地方，撒了一些毛毛虫喜欢吃的松叶。毛毛虫开始一个跟着一个，绕着花盆的边缘一圈一圈地走。一小时过去了，一天过去了，又一天过去了，这些毛毛虫还是夜以继日地绕着花盆的边缘在转圈，一连走了七天七夜，它们最终因为饥饿和精疲力竭而相继死去。约翰·法伯在做这个实验前曾经设想：毛毛虫会很快厌倦这种毫无意义的绕圈而转向它们比较爱吃的食物，遗憾的是毛毛虫并没有这样做。后来，科学家把这种喜欢跟着前面人的路线走的习惯称为“跟随者的习惯”，把因跟随而导致失败的现象称为“毛毛虫效应”。

实验中的毛毛虫盲目跟从，结果进入了一个循环的怪圈，永无休止地耗尽了自己的生命而不自知。这个实验告诉我们，盲从别人，必定失去自我。表面上看起来这只是个人的性格问题，却会给你的生活和工作套上无形的枷锁。因为你失去了用自己的头脑思索问题并做出正确判断的能力。

在职场中，我们也常常看到这种盲从的现象。有些领导者很强势，德高望重，决策果断，就会在企业中出现一大批坚定的“跟随者”，盲目地认为“领导的话就是真理”，理解的执行，不理解的也要执行。这显然是盲从的一种体现。

常言道：“恭敬不如从命。”服从是一种忠诚，也是一条基本的工作准则。员工在工作中只有坚持这条准则，才能做好工作，成为一个合格的员工。但是服从不等于盲从，你一定要能够独立思考，处事有主见。对领导的能力、水平、人格可以认同和赞赏，但不能迷信及个人崇拜；可以尊重、热爱自己的领导，并认真执行领导的正确意见和主张，但不能盲从。因为迷信和盲从往往会导致我们脱离实际，生活在虚无缥缈中，最终会掉入无底深渊，不可自拔。

春秋战国时期，有人向楚平王进谗言，说太子建企图谋反。楚平王不问青红皂白，就命令司马奋扬去杀太子建。奋扬追随太子建多年，对太子建的为人很了解，知道谋反之说纯属冤枉，就派人送信给太子建，让他逃到了宋国。

楚平王召来奋扬说：“话出自我的口中，进入你的耳朵，谁告诉了太子建？”

奋扬回答：“是我告诉他的。你曾经命令我：‘侍奉太子建要如同侍奉我一样。’我按照你当初的命令对待太子，不忍心照后来的命令做，所以送走了太子。”

楚平王说：“你违背了我的命令，还敢来见我？”

奋扬说：“接受命令而没有完成任务，已经犯了错误。君王召见而不来，就是第二次犯错误了。所以我不敢逃走。”

楚平王很欣赏奋扬的忠诚，更敬佩他敢于担当的勇气，就说：“回去吧，还像从前一样办事。”

忠诚并不等于绝对服从。在上个事例中，奋扬没有盲从上司的错误命令，这才是真正的忠诚。诚然，服从是员工的一种使命，也是一种忠诚的表现。但盲从是不负责任、愚忠的表现。所以，对领导该服从的当然要服从，但一定要保持理性，切莫“盲从”。

服从与盲从，虽一字之差，意义却截然不同。服从是不找任何借口，无条件地执行，快速认真地依从上级指令完成任务。而盲从则是对上级的指示、决定，在不理解其意图的情况下一味附和、一概听从、一律执行的盲目行为。

职场中曾一度流行这样一句话：“职场守则第一条：领导永远是对的；第二条：如果发现领导的错漏，请参照第一条。”这句话强调了员工对领导的绝对服从，这就是盲从，事实上并非领导向你传达的所有指令你都必须执行。

某集团公司的秘书，平时对领导言听计从，领导走到哪里他就服务到哪里，为领导端茶倒水，鞍前马后，深得领导信任，成为领导的心腹。有一次，领导带他出去应酬喝酒。领导大醉，因对服务员的服务不满，伸手给了服务员一耳光，感觉不解气，又命令这位秘书去痛打服务员。这位秘书不仅没有劝解阻拦领导，反而抄起一个酒瓶向服务员砸去，致使服务员颅骨骨折，抢救无效而死亡。结果，领导因唆使他人行凶致人死亡被判刑，秘书也因过失杀人而锒铛入狱。

服从不是盲从。当领导向你下达任务时，你应该学会分析辨别，哪些是必须执行的，哪些是要坚决拒绝的，然后去做正确的事。所以，服从也是需要动脑子的，不是唯命是从。

人无完人，领导也会有错误，也会说错的话、做错的事、下达错误的指令。当你发现领导有错时，你怎么办？这就需要你在接受领导安排的任务时进行冷静的思考，权衡利弊。如果确实该做，就要毫不犹豫地去执行。如果是不应该做的，并且对自己、对公司都贻害无穷，那就想方设法提出中间存在的问题，而不能盲从。如果你觉得领导的命令有一定的错误，应该在适当的场合和时间私下找他聊，谈谈自己的看法和意见。

工作没多久，王霞就遇到一件烦恼事：税务部门要查账，老板想偷税漏税，希望她能做份假账来应付检查。

接到这个指示后，王霞很为难，毕竟这是违法的事。“该怎么办？”王霞脑海里不时闪现着这个难题。如果不做，老板不会同意；如果做了，自己就犯法了。

老板也是普通人，也会犯错。王霞明白做假账是违反国家法律法规的，如果跟着老板一起犯错，必将遭到严惩，害了自己和公司。所以她规劝老板不能做假账，以免带来更大危害。

对于一些原则性错误，我们要坚持自己的观点，不要盲目服从。当领导向我们下达指令时，要能分辨是非，不要因为领导的威严就盲从。

服从是职场的第一要素，但是职场更需要那些服从又不盲从，有自己意见又能充分领会领导意见的人。因此，只有处理好服从与盲从之间的分寸，你才能获得信任、支持、帮助和鼓励，你才会精神振奋，干劲儿倍增，心无旁骛地投入工作当中。

反馈效应：主动向领导汇报工作

心理学家做了这样一个实验：

他们把一个班的学生分为三组，每天学习后进行测验。

关于测验结果，他们每天都告诉第一组学生；每周告诉第二组学生一次；而一次也没告诉过第三组。如此进行了八周教学。然后改变做法，第一组与第三组对调，第二组不变，也同样进行了八周教学。

成绩出来了，除第二组稳步地前进外，第一组与第三组的情况大为转变，即第一组的学习成绩逐步下降，而第三组的成绩则突然上升。这说明及时知道成果对发展有非常重要的促进作用。

后来，这一现象被心理学家称为“反馈效应”。

反馈效应说的是，学习者对自己的学习结果有一定的了解后，这种对结果的了解会起到促进和强化的作用，可以让学习者更加努力地学习，从而提高学习效率，最终提升学习成绩。

在职场中也同样如此。如果你定期主动汇报工作进度，或者把你的问题及时反映上去，那么领导会觉得你非常重视自己的工作，也会觉得自己备受你的重视，就能提高他对你工作的关注度，并给予你充分的信任和支持。

汇报工作是向领导反映情况，求得指导和帮助的重要方法，也是展示本部门成绩、工作能力和水平的重要机会。汇报得好，领导自然就会满意，对你或你部门的工作给予肯定，或对你提出的问题给予应有的重视，进而使你能够从中受到鼓舞，增强进一步做好工作、战胜困难的信心。

然而，遗憾的是，有些人把向领导汇报工作看作是一件微不足道的事情，甚至与溜须拍马、阿谀奉承联系起来。他们认为只要出色地完成领导安排的任务，就万事大吉了。领导自然会看到他们的成果，做出公正的判断。但实际上，他们往往得不到应有的重视，常与加薪和晋升的机会失之交臂。细心的职场人士会发现，在职场上短期内就能得到意外提拔的人，总是那些相对活跃、积极地向老板汇报工作的人。

某公司新招了一批业务员，入职的那天，行政部给每人发了一个笔记本。新人们都很吃惊。原来，根据公司规定，新员工每周都要汇报一次工作，每周五都要写工作总结，上交主管。几乎所有的新员工都撇着嘴对此表示不屑，唯有小谭欣然接受。

她像小学生一样认真，每天都写工作总结，周五还写周总结，随时汇报自己的工作心得，以及在工作中发现新的问题，并且提出自己的建议。

所有的同事都笑话她太听话了，唯独她对自己的做法深信不疑。其实一开始她只是出于遵守纪律才这样做，但慢慢地，她从中获得了诸多好处，最明显的就是她工作很有计划性，养成了今日事今日毕的习惯，而且领导经常找她谈话，对于她的建议很赞同。看着其他员工羡慕忌妒的目光，她虽然有点小担心，但更多的是欣喜，因为她觉得自己的工作得到了领导的肯定。

仅仅六个月后，小谭被委任为部门经理。而和她同时进来的那批人，大部分都被淘汰了，小部分还在原地踏步，成了她的下属。

无论公司的考核制度怎样，领导一定会优先记住那些经常汇报工作并与其展开工作讨论的人。无论在哪个工作岗位上，你都要主动向领导请示汇报，这是让你少走弯路、少犯错误的重要方法，对刚走入职场的年轻人而言更应如此。聪明的下属善于主动向领导汇报和请示，征求领导的意见和看法，把领导的意见融入工作中去。一来工作中不会出错，你自己又做出了成绩，二来博得了领导的欢心，满足了他的权力欲，皆大欢喜，何乐而不为呢?

向领导汇报工作对于下属来说是在所难免的，但是如何很好地把工作情况汇报给领导是有一定技巧的。那么，我们应当怎样向领导汇报工作呢?

1. 厘清思路

在向领导汇报工作之前，我们应冷静地对工作过程进行反思。至于先说什么、后说什么，哪些问题简略地叙述、哪些问题详细地说明，都必须理出一个比较清晰的思路来。如果对待一个问题你自己都没有比较完整、清晰的思路，那么，你是无法或难以说服人的。汇报工作也是这样，如果不事先厘清自己的思路，你是难以有条理地、层次分明地、有说服力地把自己做过的工作向领导汇报清楚的。

2. 开门见山

一般来说，领导都很忙，没有时间听你的长篇大论。如果你的汇报过于冗长，很可能会引起领导的反感，这样就会得不偿失。所以你要先说结果，而不是去描述过程。例如："经理，我联系的那个香港大客户，已经顺利与我们签订合同了。"

3. 删繁就简

无论是做口头汇报，还是做书面汇报，下属都必须注意删繁就简的问题，因为它不仅是技巧，而且是原则。所谓删繁就简，就是要把一切不必要的话语从汇报中删除，否则就会出现两种不利的影响；一是让人感到你思维混乱、思路不清、不知所云；二是让人感到你话风不正，似有哗众取宠之嫌，更何况还有"话多有失"的时候。

4. 实事求是

向领导汇报工作，无论怎么切入，怎么加工润色，都必须本着认真负责的态度和实事求是的精神，一定要把汇报工作建立在事实清楚的基础之上，绝不能凭主观想象随意编造，更不能弄虚作假欺骗领导。这既是个职业道德问题，也是人品问题。

5. 保持良好的态度

汇报过程中，无论你与领导意见是否一致，你都要保持一个尊重对方的态度，就事论事地沟通，也不要唯唯诺诺毫无主见，更不要态度蛮横固执己见。汇报的目的是使工作想法获得认可，所以谦虚严谨的汇报才能够征服领导的思路。

总之，向领导汇报工作是我们履行好职责的基本功。在工作的过程中或工作结束的时候，要养成随时向领导汇报、及时总结汇报的习惯。当然，在汇报的过程中，掌握汇报的技巧也至关重要。

特里法则：错了优先的补救方式就是承认

美国田纳西银行前总经理特里提出了这样一个观点：“承认错误是一个人最大的力量源泉。”这就是大家常说的“特里法则”。

古人说：“人非圣贤，孰能无过。”人难免会犯错误，“圣贤”也不例外。但圣贤之所以为圣贤，就是因为他们会承认错误，而且能够改正错误。但现实生活中，有些人认识到了自己的错误，没有勇气承认，或把犯错的理由归结于别的因素。这种情况在职场中时有发生。如果交货延迟，他们就说“是企管部门的问题”；如果质量不佳，就说是“质监部门的工作疏忽”，总之一切的错误都和他们自己没有关系。他们认为这样寻找借口就可以为自己辩护，把自己的错误掩盖，把责任推得一干二净，但是事实绝非如此。领导可以原谅你的过错，但是你的借口会让他认为你是一个“怕负责任”的人。而且，为自己辩护不但很难改善现状，很多情况下还会让事情变得更糟。

小王是一家销售公司的部门主管。有一次，他获取到一个情报：公司高层决定安排他们部门的人员到外地去处理一项难缠的业务。他知道这项事务非常棘手，要想处理妥善，并非那么容易。所以，他提前一天告假。第二天，上面安排任务，因为他不在，便把任务交代给了他的助手，让他的助手转达。当助手向他汇报这件事情时，他便在电话中安排了工作，以自己有病为借口，让助手顶替自己带一帮人去处理这项事务。

半个月后，事情办砸了，他怕公司高层追究这件事的责任，便以自己告假为由，谎称自己不知道这件事情的具体情况，一切都是助手自作主张，带领人去处理的。

总裁听了助手的具体阐述，对这位经理的人品产生了怀疑，担忧他把这种手段当作惯伎，影响了公司的团结和业务发展，所以再也没有给过他一份富有挑战性却能表现自我的工作。

由此可见，不敢为自己的过失承担责任的人，永远得不到领导的信任和重用。而敢于对自己的行为和结果承担责任，意味着你有责任感。只有那些能承担责任的人，才有可能被赋予更多的使命，才有资格获得更大的荣誉。

一个人犯了错误并不可怕，怕的是不承认错误，不弥补错误。松下幸之助说：“偶尔犯了错误无可厚非，但从处理错误的态度上，我们可以看清楚一个人。”领导最欣赏的是那些能够正确认识自己的错误，并及时改正错误以补救的人。

早上，秘书林惠正在忙着整理文件、安排会议时间，经理走过来递给她一封信件说：“林惠，帮我把这封信发到上海的分公司。”林惠正忙于工作，因而应了个声，把信接过来就直接放在了桌上。

一直忙到了中午，林惠手里的工作才暂告一段落。她收拾桌上的文件，发现经理的那封信还在那儿放着，心中一惊，知道自己只顾忙着手里的活儿，忘了这件事情了。事已至此，林惠知道只有主动向领导道歉才有可能获得他的谅解。

她来到经理的办公室，诚恳地说道："经理，真是非常抱歉。早上我只顾着手上的活儿，忘了把您的信件发出去了。我现在就去给您办这件事情，希望没有耽误您的工作。"

经理本来觉得这是林惠的失误，但是看林惠的认错态度比较诚恳，因而原谅了她："下次不要再出现这样的疏忽了，记得把手头的工作安排好。"

林惠连声说道："谢谢经理，以后不会再出现这样的状况了，我现在立刻去给您发信。"

面对自己工作上的失误，林惠没有选择逃避，而是主动去找经理认错，再加上她的态度诚恳，因而获得了经理的谅解。

坦诚地承认错误，是我们做人的一种原则，也代表着我们做人的风度。更重要的是，坦诚认错，不仅能弥补错误所带来的不良结果，提醒自己在今后的工作中更加谨慎行事。所以说，一个人做错了一件事，最好的办法就是老老实实认错，而不是去为自己辩护和开脱。

某公司的人力专员哈威，错误地核准并付给一位缺勤的员工全薪。他发现错误之后，就告知这位员工并且解释说必须纠正错误，要在下次薪水中减去多付的薪水金额。可这样一来，就会带来严重的财务问题，因此他必须先获得上级的核准。

同事都提醒哈威让这件事就这样过去吧，可哈威坚持说："我知道这样一定会让老板不满，但我没有更好的方式来处理这个问题，一切都是我的错，我必须在老板面前承认。”于是，哈威向老板详细讲述了事情的经过，并承认了错误。

老板非常恼火，先是指责人事部门和会计部门的疏忽，后又责怪办公室的人员。在此期间，哈威一直耐心地反复地向老板解释，这事是他的错，与别人无关。最后老板对哈威说：“既然这是你的错误，你就去把问题解决吧。”出人意料的是，从此以后，老板更加器重哈威了。

面对犯错的最佳对策是诚恳地承认错误，勇敢地承担责任，并积极地寻求补救的办法。推卸责任或避而不谈，只能适得其反。如果你只是顾全面子，不敢承担责任的话，那最后吃亏的只能是你自己。所以，发现错误的时候，不要采取消极的逃避态度，而是应该想一想自己应怎样做才能最大限度地弥补过错。只要你能以正确的态度对待它，勇于承担责任，错误不仅不会成为你发展的障碍，反而会成为你前进的推动器，促使你不断地、更快地成长。

第七章

对待下属：管理中的心理学方法

鲦鱼效应：谆谆教导不如以身作则

德国动物学家霍斯特发现了一个有趣的现象：鲦鱼因个体弱小而常常群居，并以强健者为首领。如果将一只较为强健的鲦鱼脑中控制行为的部分割除后，此鱼便失去自制力，行动也发生紊乱，但是其他鲦鱼仍像从前一样盲目追随！这就是我们在企业管理中经常提到的“鲦鱼效应”。

在企业管理中，领导者就像鲦鱼的首领，是楷模，是标杆，是榜样，是团队中的核心成员，领导者的一言一行将直接影响员工的思想品德与工作情绪。如果领导者没有做好，那么整个团队都会遭殃。所以，从某种意义上说，管理实质上是领导者的管理，员工的好坏很大程度上都是由领导者决定的，一个团队只要领导者没有问题，整个团队就不容易有问题。

作为领导者，你要想很好地履行管理职能，不仅要靠正确使用手中的权力，更要靠自身的榜样和示范作用，靠自己人格的力量。这就是古人所说的：“其身正，不令而行；其身不正，虽令而不从。”领导者只有从严要求自己，以身作则，率先垂范，要求别人做到的，自己首先做到，要求别人不做的，自己首先不做，这样才能使员工从心理信服，产生巨大的号召力。

有一次曹操带兵出征打仗，行军途中看到麦田里麦子正成熟，于是下令：“有擅入麦田，践踏庄稼者，斩！”可是命令刚下达，一群小鸟忽然从田间惊起，从曹操马前飞过，那马不由一惊，一声长嘶，径直冲进麦田，将成熟的麦子踩倒一大片。曹操非常自责，马上拳出佩剑就要自刎，众将慌忙抱住他的手臂，大呼：“不可！”曹操仰面长叹：“我才颁布了命令，如果自己不能遵守，还怎么用它约束部下呢？”说完他执意要自刎。众将以军中不可无帅为由力劝。这时，曹操便拉过自己的头发，用剑割下一绺，高高举起，说：“我因误入麦田，罪当斩首，只因军中无帅，特以发代首，如再有违者，如同此发。”于是曹军人人自觉，小心行军，无一践踏庄稼者。

在一个组织里，领导者是员工的表率，员工则是领导者自己的一面镜子。所以，如果你不希望在员工身上看到的某些言行，那么就要自己首先做到，只有领导者能够率先垂范，以身作则，员工才会严格遵守起来。

在一个组织或团队中，领导者的身体力行都将直接影响其成员的行为。心理学研究证明，企业员工易于接受领导者的示范或暗示。领导者如果要想工作和任务落实到位，就必须以身作则。通过这种表率作用，领导者还间接传递了企业文化，而由此产生的巨大的示范和凝聚作用，能有效激励和团结员工，共同实现企业的目标。

职场中流传着这样一句话：“别人不看你怎么说，而看你怎么做。”领导者的榜样作用是具有强大的感染力和影响力的，是一种无声的命令，是最好的示范，对员工的行动是一种极大的激励。因此，与其天天为员工不努力工作而发愁、发怒、伤脑筋，倒不如自己一心一意地工作，为员工做个表率；与其要求员工去为企业拼命，不如自己身先士卒，拿出你的激情。只要领导者尽全力专注地工作，带头遵守相应的规章制度，用这种工作的激情和模范去带动员工，那么，领导者认真的态度必能感动周围的人，使他们积极地工作。

1965年，土光敏夫出任东芝电器总经理。当时的东芝人才济济，但由于组织太庞大，层次过多，管理不善，员工松散，导致公司绩效低落。

土光敏夫接掌公司之后，立刻提出了“一般员工要比以前多用三倍的脑，董事则要十倍，我本人则有过之而无不及”的口号，来重建东芝。

他的口号禅是“以身作则最具说服力”。他每天提早半小时上班，并空出上午七点半至八点半的一小时时间，欢迎员工与他一起动脑，共同来讨论公司的问题。

土光敏夫为了杜绝浪费，还借着一次参观的机会里，给东芝的董事上了一课。

有一天，东芝的一位董事想参观一艘名叫“出光丸”的巨型油轮。由于土光已看过九次，所以事先说好由他带路。

那一天是假日，他们约好在车站的门口会合。土光敏夫准时到达，董事乘公司的车随后赶到。

董事说：“土光先生，抱歉让您等了。我看我们就搭您的车前往参观吧！”董事以为土光也是乘公司的专车来的。

土光敏夫面无表情地说：“我并没乘公司的轿车，我们去搭电车吧！”

董事当场愣住了，羞愧得无地自容。

原来土光敏夫为了杜绝浪费，使公司成本合理化，于是以身示范搭电车，给那位浑浑噩噩的董事上了一课。

这件事立刻传遍了整个公司，上上下下为之心生警惕，不敢再随意浪费公司的物品。由于土光敏夫以身作则，做出点点滴滴的努力，东芝公司的情况逐渐好转。

身教重于言教，榜样的力量是无穷的。行为有时比语言更重要，领导者的力量，很多往往不是由语言，而是由行为动作体现出来的。在一个组织里，领导者是众人的榜样，一言一行都被众人看在眼里，只要懂得以身作则来影响他人，管理起来就会得心应手。

世界上任何一个不断发展、进取的组织，都不会忽视、漠视榜样的力量。榜样是一种向上的力量，是一面镜子，也是一面旗帜。领导者只有为员工树立好榜样，才会影响和激励员工，进而让企业走向辉煌。

南风法则：把温暖送给你的下属

法国作家拉封丹写过这样一则寓言：

> 北风和南风比威力，看谁能把行人身上的大衣吹掉。北风首先出手，刮起凛冽冷风，寒冷刺骨，结果行人为了抵御北风的侵袭，便把大衣裹得紧紧的。南风则徐徐吹动，顿时风和日丽，行人因为觉得暖意上身，并始解开纽扣，继而脱掉大衣。南风获得了胜利。

这个故事展示的现象也被称为“南风法则”，故事形象地说明了一个道理：温暖胜于严寒。

运用到管理实践中，南风法则要求领导者要尊重和关心员工，时刻以员工为本，多点“人情味”，多注意解决员工日常生活中的实际困难，使员工真正感受到领导者给予的温暖。换句话说，也就是温情管理。

“人非草木，孰能无情”，如果一个企业实行温情管理，处处关心员工，事事尊重员工，员工就会在工作中备感舒适和温馨，自然也会“投之以桃，报之以李”，回报以饱满的工作热情、充沛的工作精力，充分发挥自己的聪明才智，为企业做出更大的贡献。

管理专家汪海有一名言：“无情的纪律，有情的领导。”这句话反映了他在管理中关于“严”与“情”的辩证结合的思想。他认为运用以人为中心的情感管理可以获得以下益处：一是严格管理可以使职工达到一致性，情感却可以使职工焕发出凝聚力和向心力。中国传统文化一直强调民心和凝聚力的作用，强调得民心者得天下。这个理论运用到企业管理中，就要求企业家善于运用情感因素凝聚民心。二是情感投入可以缓冲过分严格造成的领导者与被领导者之间的矛盾，润滑两者之间的关系，增强被领导者的心理接受限度。三是情感投入适应了现代企业管理中倡导的以人为本的原则，体现了关心人、爱护人、尊重人的正当需要。汪海善于把增强企业凝聚力、挖掘职工的最大潜能作为情感管理法的切入点。

有一个在汪海身上实际发生的案例，正说明了他的情感管理的作用。某天夜里突然刮起了大风，正在双星集团总部开会的汪海想起了在工地上突击干活的员工，便马上停止开会赶到工地。他到工地一看，工棚没有窗子，寒风直往里灌，员工们冻得直打哆嗦。员工们发现汪海突然赶到，吓得不知如何是好。汪海一问，才知道他们害怕的原因，原来由于太冷了，他们违反了企业规定的在工作时间内严禁喝酒的制度，偷着喝了酒。这时的汪海不但没有生气，还自掏腰包让人再去买几瓶酒来给员工们喝，并打电话叫后勤处送些热乎的水饺来。这几十名员工被汪海的举动感动得热泪直流，他们都说遇上了一个讲情讲义的领导。

正是王海的情义感动了这些员工，这次突击任务本该要15天完成的活只用了9天就完成了。

人是有感情的，当领导者对员工施以关爱后，会使员工感到自己受到尊敬，感到温暖，会产生巨大的积极向上的动力，去干好工作，促进企业的快速发展。实践证明，温情管理不仅能够满足员工得到爱和尊重的需要，还有利于凝聚员工，增强员工的归属感、事业心、向心力，从而促进企业经营目标的实现。

古人有言“为政之道在于安民，安民之要在于察其疾苦”，企业管理也是如此。积极为员工排忧解难是领导者的职责所系、使命所在。平日里，领导者只需多留心，对员工各方面情况尽可能多地了解，发现员工对工作的不满之处，及时给予必要的关怀，努力帮助员工克服困难，解除纷扰，就会使员工感受到企业的温暖。甚至一句简单的问候，往往也能传递领导者温暖、体谅的心意，打动员工，让员工感觉到自己在被尊重、被关怀着。例如，员工病好后上班，领导者及时表示出自己的关切之情：“完全好了没有，要不要再多休息几天？”如此一来，员工对企业的感情就会因“关怀”而升华，从而激起他们自觉干好工作的热情，促进企业发展，给领导者的“关怀”以回报。

古语云：“得民心者得天下。”如果领导者能贴近员工的内心世界，真诚地关心员工，把员工的苦恼和难处放在心上，并为其排忧解难，相信员工会对领导者感恩，以最大的热情投身工作，竭尽全力为企业创造价值，即使再累再苦，也心甘情愿、无怨无悔。因为他们感受到了来自领导者的尊重与关怀，这是他们最大的精神动力。

蜂舞法则：加强沟通才能改善管理

奥地利生物学家弗里茨经过细心的研究，发现了蜜蜂“舞蹈”的秘密。蜜蜂的舞蹈主要有“圆舞”和“镰舞”两种形式。工蜂回来后，常做一种有规律的飞舞。如果工蜂跳圆舞，就是告诉同伴蜜源与蜂房相距不远，约在100米以内。工蜂如果跳镰舞，则是通知同伴蜜源离蜂房较远。路程越远，工蜂跳的圈数越多，频率也越快。如果跳8字形舞，并摇摆其腹部，舞蹈的中轴线跟巢顶的夹角，正好表示蜜源方向和太阳方向的夹角。蜜蜂跳舞时头朝上或朝下，与告知蜜源位置之方向有关：跳舞时头向上时，表明找寻蜜源位置必须朝着太阳的方向飞行。

这就是“蜂舞法则”，它揭示的道理是：信息是主动性的源泉，加强沟通才能改善管理的效果。领导者要像蜜蜂采蜜一样，吸取各种沟通方式的特点，将“蜂舞”融入自己的管理艺术中。

沟通是现代管理学中一个必不可少的要素，是人与人之间传达思想感情和交流情报信息的桥梁。美国著名未来学家约翰·奈斯比特曾说过：“未来的竞争将是管理的竞争，竞争的焦点集中在每个组织内部成员之间及其与外部组织的有效沟通上。”可见，沟通已成为管理行为最重要的组成部分，甚至是管理艺术的精髓了。

无论是人与人之间，还是人与群体之间，要想达到感情的传递和反馈，或是想达到思想的一致和感情的通畅，都离不开沟通。而作为领导者，你的目标、计划能不能如期地执行，主要取决于你是否能与员工进行有效的沟通。著名组织管理学家巴纳德认为："沟通是把一个组织中的成员联系在一起，以实现共同目标的手段。"没有交流与沟通，就难以达成共识，达不到共识，就难以步调一致。可以说，如果没有有效的沟通，任何组织都是无法存在的。

被称为日本"经营之神"的松下幸之助有句管理方面的名言："过去是沟通，现在是沟通，未来还是沟通。"沟通是领导者主要的工作方式，沟通能力是领导者的基本素质。日常工作中，领导者与下属之间存在地位、语言、心理、认知、环境和文化水平等方面的差距，这些都可能造成一定的沟通障碍，影响到方方面面的关系，并且使工作受到损失。因此，领导者一定要提高沟通能力，掌握沟通艺术。

有一天晚上，索尼董事长盛田昭夫按照惯例走进职工餐厅与职工一起就餐、聊天。他多年来一直保持着这个与员工沟通的习惯，以培养员工的合作意识和与他们的良好关系。

这天，盛田昭夫忽然发现一个年轻职工郁郁寡欢，满腹心事，闷头吃饭，谁也不理。于是，盛田昭夫就主动坐在这名员工对面，与他攀谈。几杯酒下肚之后，这个员工终于开口了："我毕业于东京大学，曾有一份待遇十分优厚的工作。进入索尼之前，对索尼公司崇拜得发狂。当时，我认为我进入索尼，是我一生的最佳选择。但是，现在才发现，我不是在为索尼工作，而是为课长干活。坦率地说，我这位课长是个无能之辈，更可悲的是，我所有的行动与建议都得课长批准。我自己的一些小发明与改进，课长不仅不支持，不解释，还挖苦我癞蛤蟆想吃天鹅肉，有野心。对我来说，这名课长就是索尼。我十分泄气，心灰意冷。这就是索尼？这就是我崇拜的索尼？我居然放弃了那份优厚的工作来到这种地方！”

这番话令盛田昭夫十分震惊，他想，类似的问题在公司内部恐怕不少，管理者应该关心他们的苦恼，了解他们的处境，不能堵塞他们的上进之路，于是他产生了改革人事管理制度的想法。之后，索尼公司开始每周出版一次内部小报，刊登公司各部门的“求人广告”，员工可以自由而秘密地前去应聘，他们的上司无权阻止。另外，索尼原则上每隔两年就让员工调换一次工作，特别是对于那些精力旺盛、干劲十足的人才，不是让他们被动地等待工作，而是主动地给他们施展才能的机会。在索尼公司实行内部招聘制度以后，有能力的人才大多能找到自己较中意的岗位，而且人力资源部门可以发现那些“流出”人才的上司所存在的问题。

在管理活动中，沟通是不可或缺的内容。沟通的能力对领导者来说，是比技能更重要的能力，营造良好的工作关系，靠的就是有效的人际沟通。实践表明，许多优秀的领导者，同时也是沟通高手。与员工保持密切沟通，知其所想，释其所疑，解其所难，进而求得上下之间心相通、情相融、力相合。这一点，被越来越多的领导者认同、接受并自觉实践。

沟通是领导者日常工作中的常用形式。对于领导者而言，要想顺利地做好各项工作，有效沟通是不容忽视的。因为只有多收取各方准确、真实的信息，才有助于领导者在工作中做出令人支持和拥护的决策。所以，领导者要想在日常工作中高效地工作，就必须掌握有效沟通的技巧。

1.不要将不良情绪带到沟通中来

领导者在沟通时一定要注意情绪的控制，不要将自己的不良情绪带到沟通中来，要尽可能地在平静的情绪状态下与员工进行沟通，这样才能保证良好的沟通效果。如果情绪出现失控，则应当暂停进一步沟通，直至恢复平静。

2. 对不同的人使用不同的语言

在同一个组织中，不同的员工往往有不同的年龄、教育和文化背景，这就可能使他们对相同的话产生不同理解。在传达重要信息的时候，为了消除语言障碍带来的负面影响，可以先把信息告诉不熟悉相关内容的人。比如，在正式分配任务之前，让有可能产生误解的员工阅读书面讲话稿，对他们不明白的地方先做出解答。

3. 积极倾听员工的发言

领导者积极的倾听，可以给下属以表现自我、成就自我的机会，使下属产生一定的归属感，配合意识和参与沟通的积极性便会明显增强。同时，在沟通过程中，下属在意的不是领导者听到了多少，而是听进去多少。因此，领导者不仅要乐于倾听，还要善于倾听，要让下属知道你真的在意他说的话。否则，沟通效果甚微。

4. 学会换位思考

要准确地理解他人，采取换位思考的方式极为重要。领导者若只强调自己的感受而不体谅下属的想法，就很难走入下属的内心世界，并被下属接纳。只有站在下属的位置和立场上来思考问题，才能够更准确地理解下属的想法和心理状态，真正找到沟通的结合点，增强沟通的针对性。

另外，在沟通过程中，要善于发现双方的共同点，以这些共同点作为谈话的切入点，并不失时机地加以强化，一旦达成了共识，双方便容易产生亲切感，沟通就能达到一个新境界。

参与定律：激发员工的积极性

“参与定律”是由美国著名企业家阿什提出的。他认为：“每个人都会支持他参与创造的事物。参与是支持的前提。凡是人们最关心的，人们往往也乐于为它操心。”

现代人力资源管理的实践经验和研究表明，员工都有参与管理的要求和愿望，创造和提供一切机会让员工参与管理是调动他们积极性的有效方法。毫无疑问，很少有人参与商讨和自己有关的行为而不受激励的。因此，让员工恰当地参与管理，既能激励员工，又能为企业的成功获得有价值的信息。通过参与，员工能够形成对公司的归属感、认同感，可以进一步满足他们自尊和自我实现的需要。

通用电气公司在杰克·韦尔奇走马上任为公司总裁后成了一家“没有界限的公司”，“毫无保留地发表意见”成为通用电气企业文化的重要内容。韦尔奇推行了一项“全员决策制度”，让那些平时没有机会互相交流的员工与中层管理者一同出席公司决策讨论会。这个制度对于大型企业来说，好像会造成效率低下，但在实际运行过程中恰恰相反，没有出现问题，反而避免了公司内部的官僚作风，大大地提高了工作效率。

通用电气公司还有一种别出心裁的员工参与式管理方法，这就是“一日厂长”制。每一名员工都要写一份“施政报告”，自1983年起，每周星期三就由普通员工轮流当一天厂长。在这一天里，“一日厂长”和真正的厂长工作内容是相同的，9：00上班，先听取各部门主管汇报，对全厂的营运情况进行全面了解，然后陪同厂长巡视各个部门和车间。在“一日厂长”的工作日记中，要详细记载其工作意见。而各部门、各车间的主管都要依据这些意见随时改进自己的工作，而且必须在干部会上提交改进后的成果报告并获得通过。各部门、员工提出的报告，先由“一日厂长”签字批准再呈报厂长。“一日厂长”还可向厂长提出自己的意见作为厂长决策的参考。这样的管理制度为通用电气公司带来了显著的成效，大大节约了生产成本。

在韦尔奇看来，让员工参与管理和决策，可以使之确立自己的价值，满足自我实现的需要，从而为企业尽心竭力，创造更多的财富。

员工参与管理是员工参与文化的一种，是民主管理的一种特殊形式。美国学者理查德·巴雷特曾说：“未能建立员工参与文化的企业在21世纪将面临巨大的生存压力。”此论点强调了员工参与管理在企业管理中的重要地位，领导者需将民主管理和专业管理相结合，有效激发员工的自主性、积极性和创造性。员工参与管理作为企业的一种激励措施，同时也是一种最经济的参与激励方式。

实验证明，参与计划的一方比不参与的一方，其生产效益和工作满足感更高。美国玫琳凯化妆品公司创办人玫琳凯·艾施建议所有领导人：“如果你希望部属全然支持你，就必须让他们参与，越早越好！”

员工参与管理是企业文化优良与否的重要标志之一。如何给员工更多的“参与空间”，使他们“全身心投入”工作，并创造出一个积极、主动、自治的工作环境，现已成为卓越领导人必修的一门领导课程了。

丰田汽车公司为了调动员工参与管理的积极性，在总厂及分厂设了130多处绿色的意见箱，并备有提建议的专用纸，每月开箱1~3次，建议被采纳后进行奖励。这种做法开始实行后，仅1980年一年公司便收到859000条建议，比1979年增长50%，建议采纳率是93%，付出的奖金达9亿日元。据统计，在丰田公司实行这项制度的35年间，员工们提出的建议共有442万条。丰田有45000名从业人员，平均每人提100条建议。这些建议即使不采用，丰田的有关部门也付以500日元作为“精神奖”，给予奖励。现在，丰田对最高的“合理化建议”的奖金高达20万日元。此外，对技术上的重大革新创造，丰田自然另有重奖。公司还设有专人负责收集、整理合理化建议，研究其可用价值，评级发奖，并尽快采用。在这种员工普遍参与决策和管理的氛围下，经过半个世纪的经营，丰田公司已成为日本汽车制造业中规模最大的生产厂家，生产量为日本之冠，已挤入世界汽车工业的先进行列。

倾听员工对公司经营的合理化建议，体现了公司对他们的尊重和务实的处事态度。员工往往最了解问题的状况和顾客的想法，最知道改进的方式。当员工有参与感时，他们对工作的积极性和责任感也会增强。

让员工参与决策，参与企业规则的制定，才能让员工感受到自己是重要的人，自己所要遵守的是自己参与制定的规则，这样员工在工作中就会自动地维护企业的规则，而不是去破坏。而且，在执行决策过程中，因为员工已经对决策有了深刻的了解，就能够最大限度地节省资源，避免浪费，高效地执行。对于领导者来说，不但得到了最具实用性的信息，而且不必花费什么的精力就能够和员工之间建立起更融洽的关系。所以，让员工参与到企业管理中去，是达成企业和谐发展的根本所在。

韦尔奇原则：选择合适的人，做合适的事

通用电气公司前首席执行官杰克·韦尔奇曾说："我的全部工作就是选择适当的人。"这个"韦尔奇原则"是他一生用人、培养人实践的总结。

管理学上有一句名言："垃圾是放错了位置的资源。"领导者用人的关键在于了解人、洞察人，对人才进行准确的判断；把人才放在最合适的位置上，使他们充分发挥自己的特长、施展才干。

在一次工商界的聚会中，有几个老板谈论自己的经营

心得和公司现状。其中一位抱怨说："我有三个不成材的员工，我准备找机会把他们裁掉。"有人问道："为什么？他们怎么了？"这位老板愤愤地说："一个整天嫌这嫌那，吹毛求疵；一个杞人忧天，老是害怕公司出事；还有一个更可恶，总是浑水摸鱼不上班，整天在外面闲逛。"另一个老板听他说完，想了想说："既然这样，你就把他们三个让给我吧！"这位老板很是费解，但还是同意了他的请求。

这三个人到新公司报到以后，新的老板开始给他们分配工作：喜欢吹毛求疵的人负责产品质量；杞人忧天的人负责安全保卫以及保安系统的管理；喜欢闲逛的人负责产品宣传。三个人一听职务的分配和自己的个性相符，高高兴兴地去工作了。仅仅半年的时间，因为这三个人卖力工作，表现突出，居然使工厂的运营业绩直线上升。

英国管理学家德尼摩说："凡事都应有一个可安置的所在，一切都应在它该在的地方。"每个人都有其长处和短处，将每个人安排到他应该在的地方，才能更好地发挥他的聪明才智。所以说，领导者要知人，会用人，把适合的人放在适当的职位上，才能有利事业发展。

古人说得好："骏马能历险，犁田不如牛。坚车能载物，渡河不如舟。"每个人都不可能是全才，总是有所能，有所不能。领导者只有把岗位的需要和人才的实际才能结合起来考虑，用人所长、避人所短，才能人尽其才，达到人事相宜的效果。

让合适的人做合适的事，说起来简单，做起来并不是一件容易的事情。首先，领导者要对团队内部每一个职位的工作内容有所了解，这样他才能够知道需要什么样的人才加入团队。其次，领导者还需要对每一个团队成员的能力有所了解，既要知道他们的优势所在，又要了解他们的劣势、缺点。只有这样，领导才能把团队成员安排到合适的职位，充分发挥他们的优势，避开他们的劣势。

一个叫亨利·福特的年轻人进入了爱迪生电灯公司工作后，致力于制造“电动马车”。1986年，他的梦想实现了，亨利成功制造了三辆汽车。但是公司还是散伙了。1903年6月，亨利重新创建了福特汽车公司，他设计的“A型车”销售极佳，在一年内销售了一千多辆。再后来，亨利又设计了N型车、R型车，S型车，都十分畅销。1908年，具有现代意义的T型车诞生了，这种类型的车一共销售出了1500多万辆，为普及小轿车做出了贡献。到了1913年，福特公司的工厂里每一天都能够制造出9000辆车，平均每十秒钟都产出一辆，创造了世界汽车史上的奇迹。

之所以能够取得这样的成就，一个原因在于亨利·福特决定聘用管理专家沃尔·弗兰德斯进厂，协助进行生产方式改革。在他的努力之下，福特公司实现了一年生产1万辆车的指标。与此同时，亨利在1913年还决定任用技术员W·艾夫利和威廉·克朗，将他们在发动机、主轴、磁电机组装三条线上使用的“运动组装法”推广到总装配线上，获得了巨大成功。从此，大批量的流水线生产开始了。

福特成功的诀窍来自他成功用人，发挥了下属的真正才能。如果你想要将下属的才能激发出来，就应该给下属合适的岗位，给他们一个表现自我的舞台和展示自我的空间。

把适当的人安排在适当的位置上是用人的最高准则。正如管理理论不论先进只论适用一样，适合的人才比优秀的人才更重要。把一个能力不足的人安排在一个他不能胜任的职位上，那是强人所难，绝不是件好事；而把一个能力非凡的人安排在一个平凡的职位上，那是对人力资源的浪费，杰出人才最终只会弃公司而去。因此，给人才一个最佳位置，让每个人都能充分发挥自己的聪明才干，是每一位领导者需要解决的关键问题。

兵圣孙子说："故善战者，求之于势，不责于人，故能择人而任势。"没有合适的人，再好的策略也没有意义。所以说，只有在适当的位置上，配置适当的人才，才能发挥人才的最大价值。

世界上只有无能的领导者，没有无能的员工。高明的领导者应该发现员工身上可用的地方，看到每个人的才能，让每个人充分发挥他的效用。是金子就要发光，是人才就要发挥其才，这是一条最起码的用人原则。如果领导者能做到这一点，让合适的人做适合的事，自然能收到最大的效用。

牢骚效应：化解员工的抱怨

哈佛大学的心理学教授曾经做过这样一个实验：他要求心理学专家去工厂找工人个别谈话，而且规定在谈话过程中，专家要耐心倾听工人们对厂方的各种意见和不满，并做详细记录。与此同时，专家对工人的不满意见不准反驳。两年以后，教授发现工人们的效率有了明显提高，工厂产量也有了大幅度的增长。这就是所谓的"牢骚效应"。

牢骚效应实际上讲的是一个“疏通”的问题，即如何解决员工的抱怨和不满情绪。作为领导者一旦发现下属在发牢骚，不要生气，更不要发飙，而要采取心平气和的态度予以正确疏导，或者与之沟通和交流，或者给予教育和警示，只要方法得当就可以达到好的效果，不但不会打击下属的积极性，相反，还会提升下属的工作热情。

某公司职工老张，在年终评比后找到人力资源部的李部长发牢骚，他情绪激动地说：“我们这些人只会老老实实凭良心干工作，不会表功。可是公司评先进也不能总是评那几个‘荣誉专业户’，我们这些老员工难道就不先进了吗？”

李部长给老张倒了一杯茶，说：“老张，你的心情我完全理解。等我了解一下情况一定给您一个满意的答复。”老张见李部长这样说话，气消了一些，坐下来心平气和地谈了他的看法，同时汇报了他一年来的工作情况。老张干的工作有一些确实是公司领导层不知道的，后来，李部长通过调查了解证明属实，经公司董事会研究，决定增加名额，把老张也评为先进员工，并补发了奖金。

面对下属的抱怨、牢骚，领导者应该找个时间和下属做面对面的沟通和交流，然后解决问题，消除他们的负面情绪。沟通在一定程度上可以化解下属的抱怨情绪，任何轻视沟通的念头都是不可取的。

在企业里，下属的抱怨和不满就像黄河里的泥沙，如果不及时加以治理和清除，就会像黄河一样泛滥成灾。对于下属的抱怨和不满，领导者应该认真对待与分析，给下属做出清晰正面的回复，防患于未然。

具体来说，应该怎么办呢？

1. 查明原因

任何抱怨都有它的起因，除了从抱怨者口中了解事件的原委以外，领导者还应该听听其他员工的意见。如果是因为同事关系或部门关系产生的抱怨，一定要认真听取双方当事人的意见，不要偏袒任何一方。在事情没有完全了解清楚之前，领导者不应该发表任何言论或过早表态，因为这只会使事情变得更糟。

2. 认真倾听

倾听，首先是一种态度，它表明了领导者对下属的尊重，也是发现下属抱怨原因的最佳方法。例如，一名打字员可能抱怨他的打字机不好，而他真正抱怨的是档案员打扰了他，使他经常出错。因此，要认真地听人家说些什么，要听弦外之音。

3. 别兜圈子

在答复员工抱怨时，领导者要触及问题的核心，正面回答抱怨。不要为了避免不愉快而去绕过问题，不把问题明说出来。你的答复要具体而明确。这样做，你的话的真意才不会被人误解。

4. 解释原因

无论你赞同下属与否，都要解释你为什么会采取这样的立场。如果你不能解释清楚，在你下达决定之前最好再考虑考虑。

总之，如何处理好下属的抱怨，是领导工作中的一件大事。处理好了，工作就顺当，畅通无阻；处理不好，必然会产生很多麻烦。

保龄球效应：赞美是最好的激励

行为科学中有一个著名的“保龄球效应”：

两名保龄球教练分别训练各自的队员。他们的队员都是一球打倒了7只瓶。教练甲对自己的队员说：“很好！打倒了7只。”他的队员听了教练的赞扬很受鼓舞，心里想：“下次一定再加把劲，把剩下的3只也打倒。”教练乙则对他的队员说：“怎么搞的！还有3只没打倒。”队员听了教练的指责，心里很不服气，暗想：“你咋就看不见我已经打倒的那7只。”结果，教练甲训练的队员成绩不断上升，而教练乙训练的队员打得一次不如一次。

这个效应告诉我们，人人都喜欢听赞美的话，而不喜欢听批评的话。当一个人受到别人真诚的赞美时，就会产生积极的心理效应，如性格会变得活泼、热情、积极、乐观，愿意与人接近等。而领导者则可以利用人们的这种心理，多赞美下属，这既是对下属最好的激励，也是一种增进上下级关系的沟通方式。洛克菲勒曾经说过：“要想充分发挥员工的才能，最好的方法是赞美和鼓励。一个成功的管理者，应当学会如何真诚地去赞美他人，诱导他们去工作。我总是深恶挑别人的错，而从不吝惜说他人的好处。事实也证明，企业的任何一项成就，都是在被嘉奖的气氛下取得的。”

玫琳凯·艾施所经营的美容、化妆品公司在全世界都享有盛誉。玫琳凯·艾施于1963年在达拉斯成立了自己的玫琳凯化妆品公司。此后，她凭着坚定的决心、努力以及无私的奉献精神，把公司从一家小型的直销公司发展成为全美最大的美容保养品直销企业之一。

在玫琳凯所提倡的以人为本的管理方式中，赞美员工是一项美好的管理艺术。

在公司内部，玫琳凯专门制定了一整套运用“赞美”的办法：每位推销化妆品的化妆师，在第一次卖出100美元的化妆品后，就会被奖励一条缎带作为纪念。

公司每年都会在总部的达拉斯会议中心举行一项盛况空前的“玫琳凯年度讨论会”。参加讨论会的是从庞大的销售队伍中选出来的两万多名代表。

会上，有非凡成绩的推销员将穿着代表最高荣誉的“红夹克”上台发表演说，公司还会授予推销化妆品成绩最好的美容师代表公司最高荣誉的奖品——镶钻石的大黄蜂别针。公司专门发行的通讯刊物《喝彩》月刊上，每个月都会把公司各个领域名列前茅的100人的名字刊登出来表扬。

玫琳凯在谈到公司成功的经验时说：“我认为，‘赞美’是激励下属的最佳方式，也是上下沟通手段中效果最好的，因为每个人都需要赞美。只要你认真寻找，就会发现许多运用赞美的机会就在你的面前。”

赞美是一种鼓励、肯定，能够帮助领导者调动下属的工作积极性，能够使彼此的关系更加和谐。对领导者来说，赞美下属是一笔小投资，但是它的回报是非常丰厚的。多数人喜欢听到他人对自己的肯定和赞美，这会让他们有一种价值感，并由此充满自信。可以说，恰到好处的赞美无论对谁都很受用。领导者如果能学会赞美下属的技巧，掌握赞美别人的艺术，一定能收到意想不到的效果。

李先生领导着一个不错的销售队伍，手下大概有二三十个员工，这个团队的业绩一直不错，可是想要做到公司最佳销售团队，却似乎总也达不成。李先生的感觉是，这个团队好像缺了点什么。

一个偶然的机会，李先生带着队伍参加了一个团队拓展训练，当时大家玩得非常开心，以前所未有的合作精神共同完成了很多高难度的项目。训练回来后，李先生辗转难眠，他意识到，团队缺少的就是一种信念，一种相互扶持、互相帮助的氛围。

于是，李先生给员工下达命令，每个人每天最少要夸一名同事，并且要努力地帮每一名需要帮助的同事。自己也以身作则，一改以前的不苟言笑的作风，将赞美的话语挂在了嘴边，甚至对于那些工作不理想的员工，他也由以前的批评变成了鼓励。办公室里笑声渐渐多了，每个人的声音都开始充满了信心和力量，一股勃勃生气荡漾在每个员工的脸上。

事实证明，赞美不但能使上下级谈话时气氛更加活跃，增强领导者与下属的感情，更可以在一定程度上满足下属在荣誉和成就感方面的欲望，以使其发挥更大的积极性。

赞美之所以能对人的行为产生深刻影响，是因为它满足了人的自尊心的需要。赞美是对个人行为的反馈，它能给人带来满意和愉快的情绪，给人以鼓励和信心，让人保持这种行为，继续努力。

赞美是贴近人的本性的领导法则。曾任卡耐基钢铁公司董事长的高级经营家查尔斯·施瓦普就说过：“我很幸运地掌握了一种唤起人们热忱的唯一有效的方法，就是赞美和奖励。没有比受到上司批评更能扼杀人们积极性的了。我绝不批评人，而是激励人自觉地去发挥他的作用。嘉许下属我从不吝啬，而在批评责备方面我却非常小气。只要我认为某人出类拔萃，就会由衷地给予赞美，并且不惜拿出所有的赞词。”

赞美是世界上最动听的语言，一句赞美比什么都具有感染力。赞美可以激发下属的热情、强化下属的行为、保持下属的活力、挖掘下属的潜能、激发下属的创造力，进而加强企业的凝聚力、有利于企业的发展。所以，不要吝惜你的赞美，去赞美你的下属吧！